Martin Nettesheim

Liberaler Verfassungsstaat und gutes Leben

Schönburger Gespräche zu Recht und Staat

herausgegeben von

Otto Depenheuer

und

Christoph Grabenwarter

Bd. 28

2017

Ferdinand Schöningh

Martin Nettesheim

Liberaler Verfassungsstaat und gutes Leben

Über verfassungsrechtliche Grenzen ethisch imprägnierter Gesetzgebung

2017

Ferdinand Schöningh

Bibliografische Information der Deutschen Nationalbibliothek

Die Deutsche Nationalbibliothek verzeichnet diese Publikation
in der Deutschen Nationalbibliografie;
detaillierte bibliografische Daten sind im Internet
über http://dnb.d-nb.de abrufbar.

Internet: www.schoeningh.de

Satz: Martin Mellen, Bielefeld
Einbandgestaltung: Evelyn Ziegler, München
Herstellung: Brill Deutschland GmbH, Paderborn

ISBN 978-3-506-78849-8

Übersicht

I.
Liberalisierung, Pluralisierung, Diversifizierung der Anschauungen über ein gutes Leben

Die staatlichen Institutionen der frühen Bundesrepublik Deutschland konnten sich noch auf einen dichten und breit abgestützten Kanon gesellschaftlicher Ordnungsvorstellungen darüber stützen, wie ein gutes Leben zu führen sei. Sie betrafen Ehe und Familie, die Erwerbsbiographie und das Arbeitsleben, die Mitgliedschaft in Kirche und Verein, ja selbst Kleidung und Haartracht. Der gesellschaftliche Druck, sich an diesen Ordnungsformen zu orientieren, war – jedenfalls teilweise – hoch. Der Wille, die Wahl einer anderen und abweichenden Lebensform gutzuheißen, war noch nicht zur Messlatte bürgerlichen Selbstverständnisses geworden. Noch hatte sich nicht die westliche Lebensform der vielen Lebensformen durchgesetzt. Die Verfasser des Grundgesetzes begriffen das »Sittengesetz« als Schranke jedenfalls eines der zentralen Grundrechte. Die Zahl ethisch imprägnierter Gesetzes- und Rechtsvorschriften – verstanden als Vorschriften, die bestimmte Lebensformen und Ordnungsvorstellungen privilegieren, andere hingegen sanktionieren oder auch verbieten – war zunächst groß. Auch die Gerichte zögerten zunächst nicht, über die Interpretation von Generalklauseln oder die Anwendung des Strafrechts bestimmte Lebensformen zu privilegieren und andere zu sanktionieren.[1] Das Recht lehnte sich an die gesellschaftlichen Ordnungsvorstellungen an, griff sie auf und setzte sie durch.

Diese Ordnungsmuster verloren schrittweise an gesellschaftlicher Maßgeblichkeit.[2] In einem nicht zuletzt vom BVerfG vorangetriebenen Prozess pluralisierten sich die Vorstellungen darüber, wie ein gutes Leben zu führen ist. Die liberale Vorstellung, wonach es zuerst Aufgabe und Verantwortung der je einzelnen ist, sich als Autor ihrer Lebenspläne zu begreifen, gewann an gesellschaftlicher Maßgeblichkeit und setzte sich schließlich auf breiter Basis durch. Das Recht ermöglichte, stabilisierte und förderte diesen Prozess, indem es gesellschaftliche Ordnungsmuster aufbrach und verwarf, indem es die Idee gleicher Freiheit ins Zentrum des öffentlichen Diskurses rückte und so Freiräume schuf.

Diese Pluralisierung der Lebensformen erfolgte schrittweise und von einem gemeinsamen Standpunkt aus. Tiefe gesellschaftliche Konflikte, wie sie etwa zwischen einzelnen Bevölkerungsgruppen der USA bestanden, waren in der Bevölkerung Deutschlands – nicht zuletzt aufgrund weitgehender kultureller Homogenität – nicht zu verzeichnen. Über das Versprechen, bei hinreichendem Einsatz in die Mittelschicht hineinzuwachsen, gelang die Integration einer erheblichen Anzahl von Vertriebenen und ausländischen Arbeitnehmern. Das Recht trieb den Wandel voran, machte Platz für ein Nebeneinander verschiedener Lebensstile und wurde zum Instrument des Managements von Pluralität. Besondere Schwierigkeiten ergaben sich nicht. Die Kirchen stimmten nicht nur ihrer Einordnung in den Staat zu, sondern widersetzten sich auch nicht einer Umdeutung von Religion zu einer privaten Angelegenheit. In der Folge wandelte sich ihr Auftritt im öffentlichen Raum; ihre Stimme verlor an Wirkung und Maßgeblichkeit. In der öffentlichen Diskussion setzte sich ein liberaler Grundton durch, der ganz dem persönlichen Lebensgefühl der staatstragenden Kreise (unter Einschluss der Richterinnen und Richter des Bundesverfassungsgerichts) entsprach. Selbst das Konfliktthema Abtreibung wurde so bewältigt. Gewiss: Der Prozess vollzog sich nicht ganz ohne Irritationen. Wer sich zurückerinnert, kommt aber nicht um ein Lächeln herum: Man stritt etwa über lange Haare, über das Tragen von Jeans oder den Genuss lauter und ungewohnter Musik wie Rock und Jazz. Eines der greifbarsten gesellschaftlichen Konfliktfelder betraf nicht engere Fragen der Lebensform, sondern solche der Nutzung einer Technologie.

Die Konflikte, die gegenwärtig unter Stichworten wie »Pluralität«, »Diversität«, »Integration«, »Gemeinschaftlichkeit« und »Leitkultur« ausgetragen werden, könnten insofern als Wiederkehr des Altbekannten gedeutet werden. Man könnte aber auch einen qualitativen Bedeutungswandel erkennen. Nicht nur wird der Prozess des Aufbrechens von Ordnungsmustern weiter vorangetrieben – und zwar inzwischen in Bereichen, die den Kern der persönlichen Identitätsbildung berühren, damit aber zugleich für das gesellschaftliche Selbstverständnis von zentraler Bedeutung sind. Man denke an den Streit um die Öffnung der Ehe für gleichgeschlechtliche Paare, um den sich verschärfenden Kampf darüber, inwieweit Personen über ihre geschlechtliche Identität als Mann, Frau oder auch als »other« verfügen können, inwieweit sie durch »Integrationsgesetze« zur Aneignung von Sprache, gesetzlich definierter kultureller Praktiken etc. angehalten werden dürfen. Wie ist mit LGBT-Lebensformen umzugehen? Gibt es einen Anspruch auf Anerkennung der je individuellen, fluiden und jederzeit ja auch wieder änderbaren Identitäten? Das BVerfG hatte sich kürzlich mit der Frage zu befassen, inwieweit das Feiertagsrecht die Freiheit beschränken kann, mehr oder weniger sinnvolle Partys zu feiern. Die Zahl der Konflikte um die Ausstrahlung von Glockengeläute scheint zuzunehmen – immer mehr Menschen scheinen zu glauben, sie hätten einen Anspruch, von den Manifestationen des Glaubens anderer verschont zu bleiben.

Vor allem aber stellt sich die Herausforderung, wie mit bislang unbekannten Lebensformen und -praktiken im öffentlichen Raum umzugehen ist. Inzwischen hat eine von fünf Personen in Deutschland einen Migrationshintergrund. Die Erwartung, dass hier eine Assimilation nur in eine Richtung stattfinden wird, verkennt die Mechanismen sozialer Integration. Man wird vielmehr mit mehr Pluralität und Diversität rechnen können.[3] Die Verfassungsordnung sieht sich mit der Manifestation von Lebensformen konfrontiert, die eine Tiefe, Fremdheit, teilweise auch einen Wahrheitsanspruch aufweisen, die sich von den eingespielten Praktiken unterscheiden. Insbesondere ist die grundgesetzliche Ordnung inzwischen wieder mit Lebensformen konfrontiert, die von einem dichten Ethos getragen werden, hinter denen also ein Wahrheitsanspruch steht, der auf absoluten Maßstäben darüber aufbaut, wie das gute Leben zu führen ist. Wie ist etwa mit kulturellen Praktiken umzugehen, die sich mit dem Islam verbinden? Ergibt sich hier ein Anspruch auf Gleichbehandlung – oder gar auf Förderung?[4] Die Möglichkeit der Abwägung gibt es bei Lebensformen mit Wahrheitsanspruch nicht, und auch das Feld der Kompromissbildung ist nur begrenzt eröffnet. In der säkularen Gesellschaft muss eine Entwicklung, in deren Verlauf die öffentlichen Räume (wieder) religiös codiert zu werden drohen, bedrohlich erscheinen. Dem dortigen Lebensgefühl entspricht es, wenn sich Religion ins Private zurückzieht und religiöse Geltungsansprüche vom »Verwaltungsstaat« in konkreten Lagen kleingearbeitet werden.[5]

Für übertriebene Aufgeregtheit besteht indes kein Anlass. Grundgesetzliche Staatlichkeit kann auf bewährte institutionelle Strukturen, eingespielte Verhaltensmuster und eine liberale Verfassungsordnung setzen, in der eine routinierte und ausgleichende Verhandlung möglicher harter Geltungskonflikte möglich ist. Nicht ein erhitzter Kulturkampf ist zu erwarten; eher schon ist eine libertär angehauchte Gleichgültigkeit vieler Menschen zu befürchten. Auch in politischen Kreisen lässt sich keine verbreitete Neigung beobachten, sich für die je eigene Lebensform in einer Weise zu verkämpfen, die zum

Aufbrechen gesellschaftlicher Konflikte führen wird. Die Diskussionen darum, wie gesellschaftliche Integration zu betreiben ist, welchen Platz neue Lebensformen einnehmen sollen, wie viel Menschen abverlangt werden kann, werden mit Umsicht und Mäßigung geführt.

Gleichwohl ist es notwendig, sich auch verfassungsrechtlich zurückzuversichern. Die verfassungsrechtlichen Maßstäbe des Umgangs mit Konfliktlagen, die durch das Aufeinandertreffen verschiedener Lebensentwürfe geprägt werden, sind erstaunlich unklar. Der Beobachter ist mit einer merkwürdigen Gemengelage konfrontiert. Einerseits finden sich im deutschen Verfassungsrecht Spuren eines Denkens in den Kategorien dichter und substanzieller Gemeinschaftlichkeit – so etwa, wenn Demokratie als Realisation des Volkswillens begriffen wird oder wenn der Staat als »Kulturstaat« konzipiert wird. Andererseits prägt die Grundrechtsrechtsprechung ein durchgängig liberaler Ansatz, der selbst Amtswaltern die Freiheit zur Verwirklichung ihrer je partikularen Lebensform *im Amt* zubilligt, wenn es nicht zu konkreten Konflikten kommt. Einerseits erfahren bestimmte Konzeptionen des guten Lebens schon im Grundgesetz selbst, darüber hinaus aber auch in der Rechtsprechung des Bundesverfassungsgerichts besondere Anerkennung, ja teilweise auch eine Privilegierung. Andererseits bestand im deutschen Verfassungsrechtsdenken niemals der Wille, sich in jener Weise mit Erscheinungen der gesellschaftlichen Pluralität und Formen des Multikulturalismus zu befassen, wie dies etwa in den USA oder in Kanada[6] zu beobachten war. Statt sich um verfassungstheoretische Erschließung der

Problematik zu bemühen, wird schlicht zwischen den kollidierenden Geltungsansprüchen »abgewogen«. Nicht verwunderlich ist, dass das Bild insbesondere der Rechtsprechung des Bundesverfassungsgerichts den Eindruck einer gewissen Beliebigkeit vermittelt.

Ziel dieser kleinen Schrift ist es, argumentative Strukturen aufzuzeigen, die es ermöglichen, die genannten Konflikte in einer normativ angeleiteten, den Prinzipien des demokratischen Verfassungsstaats entsprechenden Weise zu bewältigen.[7] Ihr liegt die These zugrunde, dass es dem demokratisch legitimierten Gesetzgeber auch in einer vom Prinzip liberaler Freiheit beherrschten Verfassungsordnung möglich sein muss, bestimmte Lebensformen zu privilegieren und andere zurückzusetzen. Der Verfassungsstaat ist nicht in dem Sinne ethisch neutral, dass die Entscheidungen des Gesetzgebers – oder die ihn motivierenden Gründe – keine Präferenz *pro* oder *contra* bestimmte Lebensformen zum Ausdruck bringen dürften. Hierüber muss dann im politischen Prozess gerungen werden; und in diesem Prozess kann die Entscheidung auch korrigiert werden. Natürlich ziehen die Grundrechte derartiger Gesetzgebung Grenzen. Sie lassen sich verfassungsadäquat nur dadurch bestimmen, dass die *eine* Stellung der Betroffenen als politische Akteure, Träger liberaler Freiheitsrechte und ethisch verwurzelte Mitglieder der Gesellschaft in den Blick genommen wird. Die Menschen, die vor den Schranken des Karlsruher Gerichts auftreten, dürfen nicht auf ihre Rolle als atomistisch agierende Subjekte liberaler Freiheit reduziert werden.

II.
Vom Telos staatlicher Herrschaft

Die verfassungsrechtliche Suche nach Antworten auf die beschriebenen Herausforderungen zwingt zur Beschäftigung mit Grundfragen des Staats- und Verfassungsrechts. Gesucht sind Antworten darauf, wie legitime Herrschaft in einem Umfeld auszusehen hat, in dem die Anerkennung und der Schutz der gleichen Freiheit aller außer Frage steht, in dem es aber auch nicht a limine zu verwerfen ist, wenn sich die politisch agierenden Staatsorgane der Stützung und Absicherung der für die Identität der Menschen zentralen sinnstiftenden – ethischen – Orientierungsmuster annehmen. Staatliche Herrschaft in einem nach-metaphysischen Umfeld so zu strukturieren, dass sie die Relativität der Vorstellungen über das Gute respektiert und sich jedes unzumutbaren Zwangs enthält, zugleich aber auch als Selbstherrschaft der sich selbst regierenden – und immer ethisch gebundenen – Bürgerinnen und Bürger begriffen werden kann (Staat als »res publica«), scheint den Rückgriff auf grundlegende staatstheoretische Axiome zu erfordern. In der Tat werden Antworten vielfach auf staatstheoretischer Ebene gesucht.[8] Drei Ansätze verdienen besondere Beachtung.

1. *Staatstheoretische Ansätze*

a) Der majestätische Staat

Der Staat erhebt sich – in der Folge der Glaubenskriege – über die (ihre je eigenen Lebensentwürfe verfolgenden) Einzelnen. Diesen wird geschützte Freiheit garantiert; sie verzichten zugleich darauf, den Wahrheitsanspruch, den sie mit ihrem Lebensentwurf verbinden, gegenüber anderen durchzusetzen. Der Staat kann diese seine Ordnungs- und Schutzfunktion nur dann wahrnehmen, wenn er sich dem Grundsatz der Nicht-Identifikation[9] unterwirft. Ihm soll nicht nur eine religiös-weltanschauliche Parteinahme untersagt sein, sondern auch eine irgendwie geartete Positionsbestimmung. *Herbert Krüger* machte geltend, dass der »Typus des modernen Staats« keine Religion, keine Weltanschauung, keine Meinung kenne. Der Staat dürfe sich (als potentiell totaler Staat) nicht identifizieren; die »Besonderheiten« hätten in der Sphäre des Gesellschaftlichen ihren Platz. Nach *Krüger* würde jede Form der Identifikation des Staats mit partikularen Vorstellungen zu einer »Zerkrümmelung der Staatlichkeit« führen.[10] Der Staat verbessere seine »Lebenserwartung« und seine »Leistungsfähigkeit«, je weniger er sich identifiziere und sich »Gestimmtheiten«, »Ressentiments« und »Nervositäten« hingebe. *Krüger* zeichnet das Bild eines majestätischen Staats, der ein ent-individualisiertes Gemeinwohl verwaltet – ein Gemeinwohl, in dem der je individuelle, mit Eigenarten ausgestattete Mensch nicht mehr vorkommt. Es ist zugleich ein Staat, der seine Bürger so vereinnahmt, dass er im Falle der Identifikation mit einer bestimmten Konzeption des Guten nicht umhin könnte, die von ihm eingenommene Haltung seinen Bürgern aufzuzwingen.[11] Es entsteht das Bild eines Staats, der so stark ist, dass nur völlige Enthaltung und Zurücknahme überhaupt noch Freiheit ermöglicht. Der Staat des Grundgesetzes ist dies nicht, wie *Peter Badura* schon vor fünf Jahrzehnten feststellte.[12]

Dieses Bild von Staatlichkeit, in einer »Allgemeinen Staatslehre« entwickelt, mag zwar in manchen Darstellungen des Verfassungsrechts immer noch mitschwingen. Den verfassungsrechtlichen Diskurs bestimmt es nicht mehr. Der Streit darum, inwieweit sich der Staat mit partikularen Konzeptionen des Guten identifizieren dürfe, ist aber nicht abgeebbt. Er wird nur auf anderer Ebene geführt.

b) Die Herrschaft des »gemeinsamen Geistes«

Der Telos und das Ziel demokratischer Herrschaft ist, so wird von kommunitaristisch geprägten Positionen des Staatsrechts postuliert, die Realisation und Verwirklichung jener gemeinschaftlichen Werte, die die Identität der politischen Gemeinschaft bilden. Ziel ist es, die besonderen, tief in der Geschichte, der Kultur und den Traditionen verankerten Wertvorstellungen und das Selbstverständnis der jeweiligen politischen Gemeinschaft zur Geltung zu bringen. Gesetzgebung ist Vergegenwärtigung der jeweiligen partikularen Werte der Gemeinschaft, muss nachgerade in dem Sinne ethisch imprägniert sein, dass sie Konzeptionen des Guten abbildet und stabilisiert. Ein Staat, der sich darauf zu beschränken suchte, eine allgemeine Konzeption des Richtigen zu realisieren, ohne die Wertbindungen und sozialen Bezüge seiner Bürgerinnen und Bürger aufzunehmen, wäre nicht der Staat *seiner* Bürgerinnen und Bürger und würde seine Bestimmung verfehlen.

Das Denken über Staatlichkeit war in Deutschland immer durch die Sorge um gesellschaftliche Einheitsbildung geprägt. Ein durchgängiges Muster war das Bemühen um gesellschaftliche Integration – sei es im staatsrechtlichen Denken des 19. Jahrhundert, dem es um die Begleitung der politischen Bemühungen um nationale Einigung ging, sei es im Denken des 20. Jahrhunderts, das mit vorher unbekannten Pluralisierungsprozessen und sozialen Konfliktszenarien konfrontiert war. »Integration« wurde zum Wesen des Staats.[13] Staatsrechtliches Denken zielt danach vor allem darauf ab, darauf hinzuwirken, dass sich die Angehörigen der Gesellschaft die Wertebasis und die damit einhergehenden kulturellen Praktiken aneignen.

Die wohl sorgfältigste jüngere Ausarbeitung dieser Sichtweise findet sich bei *Arnd Uhle*. In der Studie »Freiheitlicher Verfassungsstaat und kulturelle Identität«[14] wird die kulturelle Identität, begriffen als »vorrechtliche kulturell-geistige Gestimmtheit«[15] und als ein »entscheidender Prägefaktor des Volkes«[16], als »Voraussetzung für die Existenz eines Staats« angesehen. Die verfassungsgebende Gewalt speise diese »kulturelle Identität« über den Akt der Verfassungsgebung in die Verfassung ein; dies bewirke eine Verstetigung und Verrechtlichung. Kulturelle Identität sei

»auch außerhalb ihrer Positivierung Geltungsbedingung der Verfassungsordnung«[17]. Die Verfassungsorgane sind aufgerufen, die identitären Grundlagen der Verfassungsordnung beständig zu pflegen.[18] *Uhle* erkennt, dass zwischen der verfassungsstaatlichen Schutzverantwortung und dem individuellen Freiheitsanspruch ein Spannungsverhältnis besteht, und diskutiert Verhaltensoptionen, die von der autoritären Durchsetzung der kulturellen Orientierungsmuster bis zur Beschränkung auf »Appelle« reichen. Dem Staatsvolk sei jedenfalls die Aufgabe einer »Pflege des kulturellen Verfassungsfundaments« überantwortet.[19]

Staatlichkeit ist dieser Sichtweise nach schon im Ansatz nicht anders als in der Form dichter Kulturstaatlichkeit denkbar. In der Verfassung spiegelt das verfassungsgebende Volk seine Identität; mit ihr sichert es deren Bestand und Zukunftsfähigkeit ab.[20] Der Staat wird zum Bewahrer dichter, ethisch aufgeladener Orientierungsmuster, in denen sich die politische Gemeinschaft wiederfindet.[21] Die in der Verfassung fixierte »Identität« des Volkes wird in den Grundrechten aufgehoben, ohne dass Konflikte bestehen. Für die pluralistische Vielfalt von Weltsichten hat der Ansatz keinen Sinn: Wer sich als Bürger auf Freiheitsrechte beruft, um eigene Wege zu gehen, verletzt jedenfalls »Verfassungserwartungen«. Rechtswissenschaft besteht (auch) darin, eine Beschreibung der unveränderlichen und im Telos der Staatlichkeit angelegten notwendigen Kulturgegebenheiten zu liefern. Aufgabe des demokratisch gesetzten staatlichen Rechts ist deren Bewehrung und Bewahrung.[22]

Gesellschaftliche Konflikte darüber, wie man zusammenleben will, sind damit nicht ausgeschlossen. Sie sind dadurch zu lösen, dass sich die Menschen im Wege praktischer Reflexion darum bemühen, die basalen sittlichen Orientierungen der Gemeinschaft (und der in ihr aufgehobenen Individuen) aufzudecken und so zu bestimmen, welches Verhalten authentischer Ausdruck des gemeinschaftlichen Verbunds ist. Ziel ist es danach, einen »gemeinschaftlichen Geist« zu vermitteln, in dem sich die Identität und die geteilte Wertebasis ausdrückt. Den Menschen wird nicht nur die Tugend abverlangt, die Einsicht in den Wert der gemeinschaftlichen Verbundenheit zu pflegen. Sie müssen auch bereit sein, sich im Zuge praktischer und situativ eingebetteter Reflexion darüber zu verständigen, welche Lebensformen auf der Basis der je unterschiedlichen historischen, kulturellen und ethischen Muster der Gemeinschaftlichkeit gepflegt werden können. Wer sich als Mitglied der politischen Gemeinschaft begreift, wird zur Übernahme und Aneignung dieser »starken Wertungen« in der Lage sein.

c) Der Staat als neutraler Hüter der Moral

Liberale Staatstheoretiker sind skeptisch, ob sich das Faktum gesellschaftlicher Pluralität dadurch aufheben lässt, dass sich tugendhafte Bürgerinnen und Bürger um die Aufdeckung der ihrer Gemeinschaft zugrunde liegenden Orientierungs- und Wertmuster bemühen. Wenn jeder Autor seines eigenen Lebensentwurfs sein soll, wird dieses Bemühen schnell ins Leere stoßen. Jedenfalls kann darüber nicht demokratisch-majoritär entschieden werden. Für den Staat bedeutet dies: Die Aufgabe demokratischer Politik darf sich allein auf die Formulierung jener allgemeinen Regeln erstrecken, die für ein gerechtes Zusammenleben der als frei und gleich begriffenen Menschen gelten müssen. Die Verantwortung des Staates muss sich danach darauf beschränken, das (gerechte und allgemein zustimmungsfähige) Umfeld zu schaffen, in dem die einzelnen ihre eigenen Lebenspläne verwirklichen können. Manche Theoretiker formulieren auch Anforderungen an die Bürgerinnen und Bürger: Ihnen wird die Bereitschaft abverlangt, in einen prinzipiengebundenen Diskurs darüber einzutreten, welche Regeln sie sich setzen wollen. An diesem Verständigungsprozess soll nur teilnehmen dürfen, wer bereit ist, vernünftig zu argumentieren; dies bedeutet jedenfalls, die je eigenen ethischen Positionen in dem Sinne zu überprüfen und zu läutern, dass sie von »guten Gründen« getragen werden. Während man teilweise schon dann, wenn ethische Vorstellungen des Guten kollidieren, für ein Ende der Konversation plädiert,[23] verlangen andere, dass sich die Menschen in dem Sinn moralisch-politisch tugendhaft verhalten, dass sie ihre eigene Konzeption des Guten daraufhin überprüfen, ob sie von guten Gründen getragen wird und so in »öffentliche Vernunft« übersetzt werden kann. Um am öffentlichen Diskurs teilnehmen zu können, muss sich der Bürger nach *Jürgen Habermas* einem »Reinigungsprozess« unterwerfen, durch den sichergestellt wird, dass nur »common sense«-Argumente vorgetragen werden.

Demokratische Herrschaft bedeutet danach die Durchsetzung einer Gerechtigkeitskonzeption, derzufolge sich der Staat auf die Sicherung jener gemeinsamen Grundsätze des Fairen und Rechten beschränkt, denen alle zustimmen können. Im übrigen sind die Menschen für die Verfolgung ihres eigenen Lebensentwurfs zuständig. So verpflichtet etwa *Stefan Huster* den Staat auf ein »Neutralitätsprinzip«, das es den Staatsorganen verwehre, bei der Begründung und Rechtfertigung ihrer Handlungen bestimmte Konzeptionen des guten Lebens zu privilegieren.[24] Politischer Skeptizismus lasse es nicht zu, dass die – legitimationsbedürftige – Staatsgewalt die intrinsische Vorzugswürdigkeit einer bestimmten Konzeption des Guten behaupte. Staatliche »Parteilichkeit« würde zudem den Anspruch der Bürgerinnen und Bürger auf gleiche Respektierung ihrer jeweiligen Identität verletzen.[25]

Der Staat darf danach von seiner Hoheitsgewalt nur Gebrauch machen, wenn dies die (jedenfalls hypothetische) Zustimmung aller Betroffenen findet. Jedem Mitglied der politischen Gemeinschaft kommt eine Vetoposition zu, deren Ausübung den Staat dazu zwingt, sich in den Bereich ethischer Neutralität zurück zu ziehen. Mehr als Begründungsneutralität könne allerdings nicht verlangt werden. Niemand könne unter Berufung auf das Neutralitätsgebot verlangen, dass er in einem Rechtssystem leben kann, das der je individuell gewählten Lebensweise in besonderer Weise entgegen kommt.[26]

Huster entkleidet den Staat seiner Rolle als »res publica« der Mitglieder der politischen Gemeinschaft. Er wird als Hüter eines Gemeinwohls begriffen, das sich jedenfalls dort, wo es um Handeln mit Relevanz für die Lebenswelten der Bürger geht, auf die Durchsetzung des Anspruchs auf Sicherung grundlegender moralischer Prinzipien beschränkt. In Fragen der Führung eines guten Lebens besteht für eine politische Gestaltungsrolle eines Gesetzgebers, der mit Mehrheit entscheidet, kein Platz. Das spezifisch Politische geht dadurch verloren.

Anhänger dieser Position bestreiten nicht, dass der Mensch mehr ist als ein abstraktes und in atomistischer Vereinigung lebendes Vernunftwesen. Er wird seine Identität nur vor dem Hintergrund eines ethischen Selbstverständnisses bilden können, das auch Aussagen darüber enthält, wer er (auch in der Gemeinschaft) ist und welchen Weg er gehen soll. Ihm wird allerdings die Fähigkeit abverlangt, zwischen seinen Vorstellungen vom guten Leben und den Sätzen einer »abstrakten Vernunftmoral« differenzieren zu können. Auf diese »Vernunftmoral« stützt sich eine staatliche Gesetzgebung, die nicht anders kann, als sich einer allgemeinen, moralisch fundierten und prinzipienbegründeten Sichtweise zu bedienen.

2. Bundesverfassungsgericht: Richterlicher Agnostizismus – oder »muddling through«?

Die staatstheoretische Diskussion weist damit einen bemerkenswerten Perspektivenreichtum auf. Er könnte den Hintergrund für eine in die Tiefe gehende Diskussion darüber bilden, wie sich der Rahmen ethisch imprägnierter Gesetzgebung verfassungsrechtlich bestimmen lässt.[27] Jedenfalls in der Rechtsprechung des Bundesverfassungsgerichts finden sich – auch in Entscheidungen mit ausführlicher Begründung – keine Bemühungen, sich diese (Tiefen-)Dimension zu erschließen. Stattdessen lässt sich ein »muddling through« beobachten. Ist es möglicherweise Ausdruck richterlicher Klugheit, sich in den beschriebenen grundsätzlichen Fragen nicht festzulegen? Die in der frühen Rechtsprechung zu beobachtenden Bemühungen um eine Bestimmung des »Wesens des Menschen« im Spannungsfeld von individueller Freiheit und Gemeinschaftsgebundenheit[28] führten jedenfalls nicht weiter.[29] Zurückhaltung in der verfassungsrechtlichen Nobilitierung von Großtheorien ist in der Tat verständlich. Wer die gegenwärtige Rechtsprechung analysiert, wird allerdings auch nicht befriedigt sein können. Wie kann es sein, dass die beiden Senate des BVerfG in der Kopftuch-Problematik im Abstand weniger Jahre zu deutlich auseinanderfallenden Entscheidungen kommen, ohne dass man einer davon handwerkliche Fehler vorwerfen könnte? Wie kann es sein, dass der Begriff der »staatlichen Neutralität« – nicht nur mit Blick auf die Stellung der Religion im staatlichen Gemeinwesen – so diffus ist, dass er von weit auseinander liegenden Positionen in Anspruch genommen werden kann?

Gewiss: Wer die Entscheidungsaussprüche des Gerichts analysiert, kann eine deutliche Präponderanz für liberale Grundprinzipien erkennen. Aber es ist eben nicht so, dass das liberale Argument immer durchschlägt. Und es ist eben auch nicht so, dass das Gericht das Verhältnis von Staat und Religion strikt laizistisch konzipiert. Auch in anderen Bereichen unterwirft die Rechtsprechung den Freiheitsgebrauch der Menschen vielfältigen Schranken, die dem Schutz ethischer Konzeptionen des guten Lebens dienen. Besonders deutlich tritt der Wille des Gerichts, sich um den Schutz bestimmter partikularer Formen des guten Lebens zu kümmern, in der – nicht durch Prinzipien geleiteten – Rechtsprechung zum »allgemeinen Persönlichkeitsrecht« zu Tage. Hier scheint es gelegentlich, als ob die Richterinnen und Richter unmittelbar und direkt ihre je individuellen Vorstellungen vom guten Leben zur allgemeinen Richtschnur machen.

Gerade weil sich Verfassungsrechtsprechung nicht im Wege mathematischer Deduktion vollzieht, wird man ob der theoretischen Wurzellosigkeit vieler Entscheidungen ein Gefühl des Bedauerns haben müssen. Die dogmatischen Techniken der Grundrechtsrechtsprechung ermöglichen es dem Gericht, zu jedem der eingangs darstellten Probleme Stellung zu nehmen; sie lassen es aber in jedem der genannten Fälle zu, so oder eben auch gegenteilig zu entscheiden. Nahezu grenzenlos weitgefasste Grundrechtsschutzbereiche und grundrechtliche Schutzansprüche ermöglichen es, nachgerade jedes Interesse daran, einen bestimmten Lebensentwurf zu realisieren, grundrechtrechtlich zu würdigen. Eine offene und unstrukturierte Angemessenheitsprüfung ermöglicht es, mal dem einen und mal dem anderen Interesse den

Vorrang zu geben. Die Abwägungen, die das Gericht zwischen »dem Gesetz« und der individuellen Grundrechtsposition vollzieht, verleiten das Gericht nicht nur dazu, politische Klugheitserwägungen und rechtliche Durchsetzung der Grundrechte zu verschleifen. Sie verstellen regelmäßig auch den Blick auf jene gedanklichen Operationen, die den einzelnen Gründen erst ihr jeweiliges Gewicht zuerkennen. Theorieentwürfe oder Konzepte, die hier mit normativem Anspruch Leitgesichtspunkte vorgeben könnten, werden in der Entscheidungspraxis des Gerichts jedenfalls nicht offen ausgewiesen.

Wie kommt es, dass die verfassungsgerichtliche Rechtsprechung viele Worte, aber wenig Theorie aufweist? In Zeiten kulturell weitgehend homogener Gemeinschaftlichkeit ging es selten darum, mehrheitlich geteilte Vorstellungen vom guten Leben gegen andere Sichtweisen durchsetzen zu müssen. Allenfalls wollten einzelne oder Gruppen auf der Basis von Grundrechten hinaus ausbrechen. Hier hat das BVerfG bekanntlich eine liberale (Grundrechts-)Handschrift entwickelt. Wo Spannungslagen auftauchten, wurden sie vom BVerfG im Rahmen einer grundrechtlichen Verhältnismäßigkeitsprüfung aufgelöst, ohne dass das Gericht der grundsätzlichen Problematik auf den Grund gegangen wäre. Das Gericht nahm Abwägungen vor, ohne genau zu klären, was auf die Waage gelegt wurde. Die Diskussion um Mehrheits- und Minderheitskulturen, um Mehrheits- und Minderheitsidentitäten hat in Deutschland nie eine politische Bedeutung und wissenschaftliche Rolle erlangt wie in anderen Staaten. Die unerträglichen Erfahrungen, die im Nationalsozialismus mit einer Überhöhung, einer Radikalisierung und einem verbrecherischen Missbrauch der Idee der Gemeinschaftlichkeit gemacht wurden, mussten im übrigen jede Überlegung dazu, wie Gemeinschaftlichkeit im Spannungsfeld kollidierender Geltungsansprüche zu konzipieren ist, als hochgradig problematisch erscheinen lassen.

Inzwischen scheint es aber denkbar, dass diese Zurückhaltung zur Belastung werden könnte, nicht zuletzt mit Blick auf die Stringenz verfassungsgerichtlicher Begründungen.

3. Die Notwendigkeit eines zweifachen Zugriffs

Nicht der unmittelbare Rückgriff auf Theorieangebote der Staatstheorie vermittelt das Rüstzeug für die Beantwortung der Frage, wie weit ethisch imprägnierte Gesetzgebung gehen kann. Vielmehr bedarf es der – allerdings theoretisch abgesicherten – Beschäftigung mit den konkreten Bestimmungen des Grundgesetzes. Befriedigende Lösungen wird man nur erzielen, wenn man einen *zweifachen Zugriff* vornimmt: einerseits der Beschäftigung mit der Natur demokratisch verantwortlicher Gesetzgebung, andererseits der Aufklärung des Grundrechtsstatus der Betroffenen. Die so gewonnenen Erkenntnisse sind dann zusammenzuführen.[30]

III.
Die demokratietheoretische Annäherung

Welche Perspektiven ergeben sich aus dem geltenden Verfassungsrecht für das Problem der Gestaltungsmöglichkeiten und -grenzen ethisch imprägnierter Gesetzgebung? Einen zentralen ersten Schlüssel bietet das in Art. 20 Abs. 2 GG angelegte Demokratieprinzip.[31] Demokratisch verantwortete und kontrollierte Gesetzgebung soll sich als Ausprägung der öffentlichen Selbstbestimmung der Mitglieder der Gemeinschaft darstellen. Der demokratische Staat ist nur »res publica«, wenn sich in ihm die öffentliche Autonomie seiner Mitglieder ausdrückt.[32] Diese Überlegung liefert wesentliche Impluse für die Entscheidung, ob und wie sich der Staat dem Schutz und der Förderung partikularer Konzeptionen des guten Lebens annehmen kann.

1. Die Wertschätzung der personalen Autonomie des Menschen

Das Grundgesetz errichtet einen liberalen Verfassungsstaat, der sich auf die Einsicht stützt, dass eine moderne pluralistische Gesellschaft durch das Nebeneinander einer Vielzahl von Lebensentwürfen und Lebensstilen gekennzeichnet ist. Die Verfasserinnen und Verfasser des Grundgesetzes stützen sich nicht auf eine umfassende und dichte ethisch-sittliche Konzeption des guten Lebens. Sie haben den Mitgliedern der politischen Gemeinschaft keinen konkreten Entwurf als maßgeblich mit auf den Weg gegeben. Sie erkannten vielmehr an, dass jeder Mensch seines Glückes Schmied ist, dass die Entscheidung darüber, welchen Lebensentwurf man wählen und realisieren will, grundsätzlich nur vom Individuum getroffen werden kann.[33] Indem die Verfassung der gleichen Freiheit aller höchsten Rang einräumt, bekennt sie sich zu einem Wert und ist insofern selbst Erscheinungsform einer bestimmten Vorstellung des guten Lebens.[34] Das Versprechen der Attraktivität dieser werthaften Offenheit für je individuelle Lebensentwürfe begreift das Grundgesetz als wesentliches Integrationsmedium. Das Wissen darum, in einer gerechten Ordnung ein gutes Leben führen zu können, soll nicht nur Akzeptanz stiften, sondern auch Bürgerverantwortung für diese – zu schützende – Ordnung wecken.

Für *umfassende und dichte substantialistische Alternativen* zu diesem Grundverständnis menschlicher Personalität ist in der Ordnung des Grundgesetzes damit kein Raum. Verfassungsstaatliche Herrschaft ist nicht Selbstverwirklichung der Mitglieder einer schon substanzialistisch geformten politischen Gemeinschaft, sondern jedenfalls grundsätzlich die politische Herrschaft über (und durch) freie und gleiche Individuen. Es ist im übrigen gerade Ausdruck der Moderne, dass alles immer in Frage gestellt werden kann und daher alle Bemühungen um apriorische Stabilisierung (»Kultur als Verfassungsvoraussetzung« etc.) in Denkmuster zurückzufallen drohen, die hinter den Stand konstitutioneller Entwicklung unter dem Grundgesetz zurückbleiben.

2. *Verfassung als Ausdruck der Selbstbestimmung einer konkreten politischen Gemeinschaft*

Auch wenn den Bestimmungen des Grundgesetzes keine umfassende und dichte Konzeption des Guten untergeschoben werden darf, errichten sie nicht eine vollständig neutrale Ordnung. Den ethisch neutralen Staat kann es nicht geben. Der Staat ist nicht ein auf Grundsätze universalistischer Vernunft gestütztes Vernunftskonstrukt. Schon die Verfassung ist immer eine Entscheidung für eine partikulare Ordnung. Der liberale, dem demokratischen Prinzip verpflichtete Verfassungsstaat ist nicht darauf festgelegt, sich mit der Errichtung einer moralisch gerechten Ordnung zu begnügen. Diesem Staat ist ein Satz, wonach das Recht »ethisch neutral« sein müsste, fremd.[35] Demokratie ist immer eine Form der partikularen Selbstbestimmung.[36] In der Gesetzgebung eines demokratischen Staats ist – wenn er nicht der Weltstaat ist – damit immer auch ein partikularistisches Element enthalten. Die öffentliche

Gewalt kann eine wertende Beurteilung bestimmter Lebensformen und -stile vornehmen, einzelne privilegieren und andere zurücksetzen. Auch die Begründung für dieses Recht muss nicht in dem Sinne ethisch neutral sein, dass sie sich allein auf solche Erwägungen stützt, die nicht auf einer Bewertung bestimmter Lebensformen beruhen. Recht ist immer das Recht einer partikularen politischen Gemeinschaft. Ethisch imprägnierte Gesetzgebung ist Ausdruck demokratischer Gestaltungsfreiheit.

a) Keine ethische Neutralität von Grundgesetz und Gesetz

Diese Gegebenheiten schlagen sich schon im Grundgesetz selbst nieder. Hier werden bestimmte Lebensformen in dem Sinn privilegiert, dass ihre Bedeutung und Schutzbedürftigkeit dem politischen Prozess vorgegeben werden. Die Schöpfer des Grundgesetzes waren keine Philosophen, die das Grundgesetz entwarfen, um eine stringente Konzeption gerechter Herrschaft umzusetzen. Zuerst und zuförderst waren sie politisch agierende Staatsbürger, die der Staatsgewalt einen rechtlichen Rahmen setzen wollten, der eine ihrer Konzeption des Guten entsprechende Entwicklung des Gemeinwesens versprach. Weichenstellungen, in denen Vor-Entscheidungen in der Bewertung bestimmter Lebensformen getroffen werden, finden sich etwa in Art. 6 GG (Ehe als ausgezeichnete Lebensform zwischen zwei Personen), in Art. 7 Abs. 1 GG (öffentliche bekenntnisfreie Schule als Regelschule) oder in Art. 140 GG (besondere Sorge um die Verfasstheit einzelner Religionsgemeinschaften[37]). Bestimmungen wie Art. 20a GG künden von dem Versuch, Werte und Positionen durch verfassungsrechtliche Verankerung außer Streit zu stellen. Die Rechtsprechung des Bundesverfassunsgerichts zum »allgemeinen Persönlichkeitsrecht« verarbeitet in erheblichem Maße Anschauungen darüber, welche Vorstellungen von einem guten Leben verfassungsrechtlichen Schutz genießen (sollen).[38] Die Diskussion um Art. 1 GG lässt sich, soweit es um die Bewältigung des biowissenschaftlichen Fortschritts geht, zu einem erheblichen Teil als Versuch der Bestimmung einer Gattungs-Ethik begreifen.[39] Die Vorstellung, Staatlichkeit sei nicht mehr als eine ethisch neutrale Ordnung, die sich allein der Durchsetzung allgemeiner Gerechtigkeitsprinzipien annimmt, findet schon auf Verfassungsebene keinen Rückhalt.[40]

Im parlamentarischen Regierungssystem des Grundgesetzes (Art. 20 GG, Art. 38 ff. GG) steht es auch dem demokratischen Gesetzgeber frei, bestimmte Lebensformen zu fördern, ohne anderen hingegen die gleiche Wertschätzung zukommen zu lassen. Die Organe eines Verfassungsstaats, der »res publica« und gemeinsame Sache der Bürgerinnen und Bürger ist, müssen sich in Fragen des guten Lebens nicht agnostisch abwenden. Sie dürfen sich dieser Fragen annehmen, wenn und soweit sicher gestellt ist, dass der Anspruch auf gleiche Freiheit aller nicht beeinträchtigt wird. Nicht zuletzt erscheint die Erwartung, das (staatliche) Gesetz könnte eine *soziale* Ordnung schaffen, die nicht Gehalte ethischer Imprägniertheit enthielte, irrig. In dem jeweiligen Normbestand schlagen sich rechtskulturelle Entwicklungsstränge nieder und machen diesen zu einer Form geronnener Geschichte.

Weder auf verfassungstheoretischer Ebene noch im positiven Verfassungsrecht des Grundgesetzes gibt es damit einen allgemeinen Satz, wonach sich der Gesetzgeber einer politischen Festlegung darüber enthalten muss, »wer oder was wir sein wollen, wer wir geworden sind und sein sollen«. Derartige Festlegungen werden – etwa im Bildungs- oder Kulturbereich, im Sozial- oder im Umweltbereich – auch laufend getroffen.[41] Die Vorstellung, derartige Regelungen könnten nur dann Bestand haben, wenn sie von Gründen getragen werden, die in dem Sinn neutral sind, dass sie von der konkreten Lebensform abstrahieren, läuft den Gegebenheiten demokratisch verantworteter *politischer Gesetzgebung* zuwider.

Das bedeutet natürlich nicht, dass das Grundgesetz nicht auf die *politische Vernunft* der mehrheitlich entscheidenden Mandatsträger setzte, bei der gesetzgeberischen Formulierung »starker« Wertungen Vorsicht walten zu lassen. Je stärker sich der Gesetzgeber mit bestimmten Konzeptionen des guten Lebens identifiziert, desto größer ist die Gefahr, Entfremdungserscheinungen und Identitätsverluste zu verursachen. Wer die Wertungen nicht teilt, wird sich möglicherweise für einen Rückzug in individualistischen Privatismus entschließen. Im Extremfall kommt es – wie *Charles Taylor* formuliert – zu einem »weichen Despotismus« über Menschen, die sich aus den politischen Räumen des Gemeinwesens zurückgezogen haben.[42] Zunächst einmal handelt es sich hierbei aber um eine politische Klugheitsregel, nicht aber um ein aus Art. 20 GG zu deduzierendes Gebot.

Dementsprechend gilt es auch, sich vor Engführungen der Konzeption des öffentlichen Raums und der dort vorgesehenen kommunikativen Prozesse zu hüten. Derartige Verkürzungen sind bei manchen Theoretikern des politischen Liberalismus zu beobachten. Weder ist der öffentliche Raum ein Raum, dessen Funktion auf die Verhandlung von Legitimationsfragen beschränkt ist. Noch gibt es Zugangs- oder Beteiligungsbeschränkungen der Art, dass nur bestimmte Argumente und Gründe zugelassen sind. Nach der Konzeption des Grundgesetzes können im öffentlichen Raum die Fragen der Gerechtigkeit behandelt werden (also Fragen, die eine universalisierbare Behandlung ermöglichen), natürlich aber auch Fragen des guten Lebens. In der Idee der »öffentlichen Vernunft« ist ein Rationalisierungs- und Disziplinierungsanspruch enthalten, der der Idee des politischen Meinungskampfs gerade zuwider läuft.[43] Der Vorstellung des amerikanischen Verfassungsrechtlers *Bruce Ackerman*, bei der Entstehung eines Dissenzes müsste die Erörterung einer bestimmten Frage beendet werden und der Streit künftig ausgeklammert werden,[44] ist ebenso zu verwerfen wie das Ansinnen *John Rawls*, dass Argumente nur nach einer Leuterung und Verallgemeinerung eingebracht werden dürften.[45] Jede Person kann unmittelbar für die Werte ihrer partikularen Lebensform streiten und sich darum bemühen, damit die Gesetzgebung zu beeinflussen.

b) Unzulässigkeit der Formulierung von Wahrheitsansprüchen (Verbot der Identifizierung)

Die Pointe der institutionellen und prozeduralen Strukturen dieser Form der in Art. 20 Abs. 2 GG angelegten Gesetzgebung ist es, ethisch imprägnierte Gesetzgebung (im Rahmen der sogleich zu besprechenden grundrechtlichen Grenzen) zuzulassen, dieser aber einen nicht-substanzialistischen Geltungsanspruch zuzuweisen: Im liberalen Verfassungsstaat enthält das Gesetz keinen Wahrheitsanspruch, sondern ist agnostizistisch. Es geht um politische Präferenzen, nicht aber um die Bewertung der Entscheidung für eine bestimmte Lebensform. Das Gesetz steht für Macht, nicht für substanzielle Richtigkeit. Der demokratische Gesetzgeber mag bestimmte (auch religiöse) Lebensformen fördern, sich anderen hingegen gleichgültig zeigen. Eine derartige Förderung darf sich nicht auf eine »Identifizierung« stützen – in dem Sinne, dass sich der Staat den Wahrheitsanspruch einer Lebensform aneignet.[46] Die Festsetzungen des Gesetzes müssen zudem revidierbar und veränderbar sein: Erst die Änderbarkeit bzw. Aufhebbarkeit des Gesetzes macht den Gebrauch der demokratischen Entscheidungsbefugnis erträglich.

c) Das Grundgesetz als »gemischte Verfassung«

Das Grundgesetz ist insofern eine »gemischte Verfassung«, als es ein liberales Grundbekenntnis mit gewissen Aussagen über das gute Leben verbindet. Die diesbezüglichen Vorgaben und Bindungen sind nicht statisch. Verfassungsinterpretation kann mal die eine und mal die andere Dimension stärken. Die Versuchung, eigene Konzeptionen des Guten in die Verfassung »hineinzulesen«, mag gerade für bewanderte Verfassungsinterpreten groß sein. Zurückhaltung gebietet sich, gerade weil es dem demokratisch legitimierten Gesetzgeber möglich sein (und bleiben) soll, bestimmte Konzeptionen des Guten zu privilegieren. So sind etwa die Bemühungen, in das Grundgesetz Aussagen darüber hineinzulesen, wie sich die Gemeinschaft der Staatsbürger kulturell oder auch ethnisch zusammenzusetzen habe, eher Ausdruck einer tiefen Verunsicherung über die Politik als Erscheinungsform stringenter verfassungsrechtlicher Dogmatik.

Aber derartige Vertrauensverluste sind auch anderweitig zu beobachten. Kürzlich hat der israelischer Rechtswissenschaftler *Liav Orgad* eine Schrift vorgelegt, in der er sich darum bemüht, ein »Recht der Mehrheit« zu konstruieren, das kollidierenden Ansprüchen einzelner oder Minderheiten entgegen gehalten werden kann.[47] *Orgad* vertraut nicht mehr auf das politische »majority right«. In einem öffentlichen Diskurs, der von rechtebegründeten Geltungsansprüchen geprägt ist, soll sich auch die parlamentarische Mehrheit dieses Instruments bedienen können. Was aber soll – im liberalen Staat – Gegenstand dieses Rechts sein? Und ist der Mehrheit wirklich dadurch geholfen, den politischen Konflikt zu juridifizieren? Die Sorge um ein »Recht der Mehrheit« ist Ausdruck des Unwohlseins, das sich in der Folge einer Überspitzung des Rechte-Diskurses insbesondere menschenrechtlicher Natur herausgebildet hat. Die damit begründete Herausforderung lässt sich aber nicht dadurch bewältigen, dass noch mehr Rechte konstruiert werden.

3. Wider die normativen Überhöhungen epistemischer Demokratietheorien

Demokratisches Regieren bedeutet in der grundgesetzlichen Ordnung nicht, dass die dem Gesetz unterworfenen Rechtssubjekte sich als »Autoren des Rechts« begreifen müssen.[48] Das repräsentative Regierungssystem muss nicht auf derartige Überhöhungen setzen, um seine Legitimität abzusichern. Das Grundgesetz inkorporiert damit auch nicht eine jener »epistemischen« Demokratietheorien, die Demokratie in einem starken Sinn als »Selbstregierung der Betroffenen« begreifen und daraus die Anforderung ableiten, dass diese den getroffenen Entscheidungen ihre (hypothetische) Zustimmung erteilen (können) müssten.[49] Der demokratische Entscheidungsfindungsprozess soll dieser Sichtweise zufolge als Verfahren angesehen werden, das sicherstellen muss, dass das »Recht auf Rechtfertigung«, das dem Betroffenen zusteht, eingelöst wird. Wer zum Kreis der Vernünftigen gezählt wird, soll ein Veto-Recht haben. Andere wollen die Zustimmungsfähigkeit dadurch sicherstellen, dass der Gesetzgebungsprozess dem Ideal eines Diskurses angeglichen wird, an dem alle als Freie und

Gleiche nach Regeln teilnehmen, die sicherstellen, dass das gefundene Ergebnis dem vernünftigen Willen aller entspricht. Derartige Idealisierungen bilden das grundgesetzliche Entscheidungssystem deshalb nicht ab, weil es nicht auf die Erzielung eines Konsenses setzt, sondern auf eine Bündelung politischer Kräfte mit dem Ziel der Mehrheitsbildung. Das Handeln entlang der Bahnen strategisch-politischer Vernunft muss sich ex post factum der demokratischen Kontrolle und Sanktion stellen. Dem Maßstab eines unter idealen Diskursbedingungen gefundenen Konsenses hat es demgegenüber nicht zu entsprechen.

Ebenso wenig lässt sich das Grundanliegen epistemischer Demokratietheorien, die allseitige Zustimmungsfähigkeit der getroffenen Entscheidungen zu sichern, durch demokratietheoretisch verankerte Einschränkungen des Entscheidungsspielraums des Gesetzgebers erreichen. In diese Richtung zielen Ansätze, die das Grundgesetz als liberale Verfassungsordnung interpretieren, die nur ethisch neutrale Entscheidungen zulasse. Damit wird nicht nur – hierauf ist schon hingewiesen worden – der demokratische Gesetzgebungsprozess unterlaufen, der die Kritik gesetzgeberischer Entscheidungen quasi von außen und in der Zeit,[50] nicht aber durch implizite Bindungen zu verwirklichen unternimmt. Wichtiger ist noch, dass die Verfassung das Mandat der Abgeordneten (Art. 38 GG) als freies Mandat ausgestaltet, das weder politisch noch grundrechtlich zur ethischen Enthaltsamkeit zwingt. Eine Abgeordnete oder ein Abgeordneter ist frei, die je individuellen Vorstellungen vom guten Leben zur Leitschnur des Abstimmungsverhaltens zu machen.

4. Welcher Liberalismus?

Tritt man einen Schritt zurück und versucht, das Gesamtbild einzuordnen, erweist sich das Grundgesetz als liberale Verfassungsordnung, die jedenfalls in einigen Teilbereichen jenem Typus des Liberalismus verpflichtet ist, die *Michael Walzer* als »Liberalismus II« bezeichnet hat.[51] *Walzer* weist darauf hin, dass eine strikte Theorie des Liberalismus (neutraler Liberalismus; »liberalism I«[52]) auch die Möglichkeit einschließt, dass sich die politischen Mitglieder einer politischen Gemeinschaft in gemeinschaftlicher Verbundenheit für eine bestimmte Form des guten Lebens entscheiden (wertegebundener Liberalismus; »liberalism II«). Liberalismus hindert, in anderen Worten, nicht daran, sich politisch für ethisch imprägnierte Formen des guten Lebens zu entscheiden – solange diese Entscheidung von allen getragen wird und jederzeit politisch auch wieder revidiert werden kann. Eine liberale Rechts- und Gesellschaftsordnung kann sich dafür öffnen, dass sich Bürgerinnen und Bürger zusammenschließen, um gemeinsam bestimmte Vorstellungen des guten Lebens zu verfolgen – sei es auf Verfassungsebene als politische Gemeinschaft, sei es im gesellschaftlichen Raum als Angehörige einer Assoziation. Es ist nicht illiberal, derartigen Zusammenschlüssen einen besonderen Schutz zu gewähren. Den von den Bürgerinnen und Bürgern geschaffenen Assoziationen kann danach ein Vorrecht eingeräumt werden – solange den jeweils anderen genügend Raum für die Ausübung »gehaltvoller Freiheit« eröffnet bleibt.

Die Vorstellungen davon, wie ein gutes Leben geformt werden soll, formen sich nicht in Isolation, sondern in einem dichten kulturell-sozialen Umfeld; dieses wird wiederum von Politik beeinflusst. Dem liberalen Grundinstinkt entspricht es, dafür zu plädieren, dass sich der Staat hier zurückhalten sollte.[53] Dies würde allerdings nur dazu führen, dass das Umfeld, in dem sich die je eigene Konzeption des Guten bilden müsste, mehr durch gesellschaftliche Kräfte geformt würde. Ist das notwendig besser? Wer dem Staat grundsätzlich misstraut, wird die Frage bejahen. Wer demokratisch verantwortete gemeinwohldienliche Politik nicht per se für schlecht hält und die Gefahr sieht, dass sich im Bereich des Gesellschaftlichen Formen einer Vermachtung und Manipulation herausbilden können, wird anderer Auffassung sein. Das Individuum wird seine Präferenzen innerhalb der »boundaries of a form of social life« herausbilden. Die staatliche Förderung der Bereitstellung solcher Angebote muss nicht schlecht sein. Für den Bereich der schulischen Bildung ist dies selbstverständlich: Warum aber soll der Bedarf dafür mit dem Ausscheiden aus der Schule enden? Wenn der Staat dabei nicht nur politisch-funktional argumentiert (Stichworte: Stabilität etc.), sondern (aufgrund einer politischen Mehrheitsentscheidung) bestimmte Konzeptionen (als diejenigen der Mehrheit) bevorzugt, ist dies nicht per se unzulässig und verstößt auch nicht gegen einen ungeschriebenen Grundsatz des Verfassungsrechts.

Fazit: Dem Gesetzgeber ist es prima facie möglich, den öffentlichen Raum, ja selbst die privaten Verhältnisse der Menschen in einer Weise zu ordnen, die bestimmte Sinn- und Orientierungsmodelle privilegiert. Er darf eine Kulturpolitik betreiben, die bestimmte Erscheinungsformen von Kultur besonders fördert. Er darf eine Bildungs- und Schulpolitik verfolgen, die bestimmte Bildungsideale formuliert und damit nicht in einem ethischen Sinne neutral sein kann. Er darf selbst Unterschiede im Umgang mit Religionen machen. Gewiss: Er darf sich nicht mit partikularen Lehren in der Weise identifizieren, dass er deren Wahrheitsanspruch zu seinem eigenen macht. Agnostische Distanz ist aber auch nicht gefordert.

Einem Bild vom Staate, der sich in majestätischer Größe und Distanz von jeder Identifizierung mit den Lebensformen der einzelnen fernzuhalten hat, entspricht dies nicht. Aber der Staat des Grundgesetzes ist kein Staat, der den Menschen als ethisch gebundenes Wesen aus den Augen verloren hat. Im Staat des Grundgeseztes entscheiden gemeinwohlverpflichtete Amtswalter – als Repräsentanten der Mitglieder der politischen Gemeinschaft – über Gesetzgebung, in der sich notwendig bestimmte Vorstellungen vom Guten widerspiegeln.

IV.
Die grundrechtliche Annäherung

1. Grundrechtliche Kontexte der Rechtspersönlichkeit

Verfassungstheoretisch bewanderte Leserinnen und Leser werden den Hinweis darauf, dass ethisch imprägnierte Gesetzgebung zu einer »Diktatur der Mehrheit« führen kann, schon auf den Lippen haben. Bereits in den »Federalist Papers« wurde diese Befürchtung thematisiert. Die Antwort des Konstitutionalismus sind Grundrechte. Der Gesetzgeber operiert innerhalb grundrechtlich gezogener Grenzen, die ihm durch jene Rechtspositionen gezogen werden, die die einzelnen aus der Verfassung herleiten und über deren konkrete Gehalte nicht im politischen Raum, sondern vor den Schranken des Bundesverfassungsgerichts verhandelt wird. Die Grundrechte sind im normalen politischen Prozess *nicht* verhandelbar, weil sie Grundlage politischer Entscheidungsfindung sind und dieser demnach logisch »vorgeordnet«[54] sind. Sie umschreiben jene Stellung, mit der die Grundrechtsträger als »Rechtsperson« in den politischen Raum eintreten.[55] Diese sich daraus ergebende Stellung ist nicht statisch; über sie muss in Anwendungskontexten verhandelt werden. Sie unterliegt aber nicht dem unmittelbaren Zugriff des Gesetzgebers,[56] sondern bewegt sich auf einer übergeordneten Ebene.[57] Die Stellung ist zudem komplex, weil sie eine Vielzahl von normativen Teilgarantien enthält. Gleichwohl scheint es möglich, die Gehalte der Stellung auf wenige – situationsspezifisch zur Anwendung zu bringende – Grundprinzipien zurückzuführen.[58] Sie sollen hier »grundrechtliche Kontexte der Rechtspersönlichkeit« genannt werden.

Bei juridischen Laien schimmert gelegentlich die Auffassung durch, dass Grundrechte dem Gesetzgeber harte und unüberwindbare Schranken setzen. Kenner der Rechtsprechung des Bundesverfassungsgerichts wissen, dass die Aus-, ja vielleicht auch Überdehnung der Gewährleistungsgehalte mit einer Schrankendogmatik einhergeht, die alles Harte und Feste in mehr oder weniger strukturierten Abwägungen aufgehen lässt. Dies gilt selbst bei vom Wortlaut her schrankenlos gewährleisteten Grundrechten, die durch die freiherzige Aufdeckung von Rechtsgütern mit Verfassungsrang auf Abwägung getrimmt werden. So kann das BVerfG heute zwar beinahe jede gesetzgeberische Entscheidung einer richterlichen Überprüfung unterziehen. Der Verlauf der definitiven Grenzen ist aber mehr denn je im Fluss, wird ad hoc im Angesichte des konkreten Problems bestimmt, wird häufig vom Anspruch getragen, das Handeln des Gesetzgebers auf Rationalität zu überprüfen. Grundrechtsschutz entwickelt sich (oder – je nach Sichtweise – verkümmert) zur Rationalitätsprüfung gesetzgeberischen Handelns[59] – auch um den Preis, damit die Einsicht in das spezifisch Politische des gesetzgeberischen Handelns zu unterlaufen.[60] Eine Abwägung, die zwischen den politischen Argumenten pro und contra einer Maßnahme und dem grundrechtlichen (Freiheits-)Interesse ohne weitere Strukturierung wägt, wird den spezifisch deontologischen Anspruch der Grundrechte verfehlen und in allgemeine Klugheitserwägungen abrutschen. Grundrechtsrechtsprechung sollte aber gerade nicht darauf hinauslaufen, einfach jenen *politischen Kontext* zu replizieren (oder auch zu überspielen), in dem politische Macht – und die daraus folgende Befugnis zur Gesetzgebung – ausgeübt wird.[61] Grundrechte sind kein Instrument und Hebel, das Gesetz am Maßstab allgemeiner Klugheitserwägungen zu überprüfen – genau dies aber ist jedenfalls häufig Inhalt und Ziel des vom BVerfG durchgeführten Abwägungsprozesses.[62]

Grundrechte ermöglichen es der Rechtsperson, ein gutes Leben zu führen, das sich aus *politischen, moralischen und sittlichen Orientierungen* speisen kann. Der deontologische Kern der Grundrechte wird damit nicht richtig erfasst, wenn er auf das liberale Freiheitsinteresse der als frei und gleich begriffenen Menschen reduziert wird. Grundrechtsträger lassen sich nicht nur als Individuen begreifen, die in atomistischer Vereinzelung als unverbundene Rechtsmoralisten durch die Welt laufen. Das Grundgesetz begreift die Menschen als Rechtspersonen, die in politischen, moralischen und sittlichen Kontexten handeln und hieraus ihre Identität gewinnen.[63] Auch wer vor den Schranken des Bundesverfassungsgerichts auftritt und Freiheitsrechte geltend macht, kann sich aus dieser Rolle nicht herauslösen. Immer wieder ist zu beobachten, dass das BVerfG den Grundrechtsträger, der sich gegen die »Zumutungen« ethisch imprägnierter Gesetzgebung wendet, allein als moralische Person behandelt, die als Freie und Gleiche einen Anspruch darauf hat, von Beschränkungen verschont zu bleiben, die nicht durch eine Art öffentlicher Vernunft gerechtfertigt werden können. Man fühlt sich an jene Ent-Individualisierung erinnert, die Rawls bei der Konstruktion seiner »original position« vornimmt. Grundrechtsrechtsprechung muss vielmehr darauf abzielen, die Grundrechtsträger als Rechtspersonen zu erfassen, die sich gleichzeitig in verschiedenen Lebenskontexten bewegen. Ich werde dies sogleich an einigen Beispielen deutlich machen.

Die analytische, theoretische und dogmatische Aufgabe der Verfassungsrechtswissenschaft muss es sein, verschiedene Kontexte der grundrechtlichen Legitimität zu entwickeln und in deren Zusammenspiel zu behandeln. Gelungene Grundrechtsinterpretation besteht darin, in den jeweiligen Problemkontexten jene Rahmenbedingungen zu entwicklen, die für die Entfaltung der individuellen Autonomie erforderlich sind und die – als Folge – der majoritär entscheidende Gesetzgeber beim Einsatz seiner gesetzgeberischen Macht zu beachten hat.

2. *Der Kontext politischer Autonomie*

a) Substanzielle Rechtstellung und politische Autonomie

Rechtspersonen sind in der Ordnung des Grundgesetzes zunächst und vor allem politisch autonome Personen. Sie dem Zwang des Gesetzes – auch eines ethisch imprägnierten Gesetzes – zu unterwerfen, lässt sich (auch) dadurch rechtfertigen, dass sie auf den Gesetzgeber politisch einwirken können. Gesetzgebung muss sich in einem institutionellen Rahmen bewegen, der gewährleistet, dass den Betroffenen eine hinreichend effektive Einwirkung, Kontrolle und Sanktionierung möglich ist.[64] Verfassungsstaatlich wichtig ist, dass die responsitivitätssichernden Mechanismen der Kritik, der Einflussnahme und der Kontrolle hinreichend wirksam funktionieren.[65] Ist dies der Fall, ist es der Rechtspersönlichkeit nicht abträglich, sondern stellt geradezu deren Verwirklichung dar, wenn auf die Möglichkeit der politischen Auseinandersetzung über ethisch imprägnierte Gesetze verwiesen wird.[66]

Um diesen Kontext an einigen Beispielen deutlich zu machen: Wer sich an der gesetzgeberischen Festlegung von Feiertagen oder an den dabei festgesetzten Verhaltensregeln stört, hat die Möglichkeit, sich politisch für eine Änderung stark zu machen. Wer es für eine Zumutung erachtet, dass er dem Geräusch des Geläutes kirchlicher Glocken ausgesetzt ist, kann auf eine Änderung des Immissionsschutzrechts hinwirken. Wer sich daran reibt, dass in einer öffentlichen Schule bestimmte Bildungsinhalte vermittelt werden, kann im politischen Prozess darum werben, die Schulgesetzgebung zu ändern. Wer meint, durch die Regelungen des Eherechts daran gehindert zu werden, eine Lebensform zu wählen, die dem je eigenen Bild entspricht, kann sich für eine Gesetzesänderung einsetzen. Kurz: Die Zumutungen einer ethisch imprägnierten Gesetzgebung müssen nicht notwendig dadurch beseitigt werden, dass sie als Beeinträchtigung der liberalen Freiheit rekonstruiert werden. Sie können auch im demokratischen Diskurs in Frage gestellt werden.

Die Grundrechtsdogmatik blendet diesen Punkt bislang aus. Staatsorganisatorisch-wahlrechtliches Denken und grundrechtliches Denken leben unverbunden nebeneinander her. Am Wahltag sind die Bürgerinnen und Bürger Träger des Wahlrechts, in der Zeit zwischen den Wahlen Privatpersonen, die liberale Freiheit beanspruchen.[67] Über Grundrechtsbeschwerden wird regelmäßig so verhandelt, als ob die Antragsteller keine politische Autonomie hätten. In der Tat wird man in Fällen, in denen es um den Schutz struktureller Minderheiten geht, mit dem Hinweis auf politische Autonomie zurückhaltend sein müssen. Auch in diesen Fällen wäre aber jedenfalls eine grundsätzliche Auseinandersetzung mit dem Gesichtspunkt erforderlich. Und über die Frage, wie weit die Meinungsäußerungsfreiheit gehen muss, um einen effektiven Gebrauch politischer Autonomie zu ermöglichen, wird bis heute gestritten. Die Frage »Wo ist der Platz des demokratischen Diskurses, wo müssen »Rechte« in Anschlag gebracht werden?« wird in Karlsruhe nicht erkennbar thematisiert. Viel zu häufig wird über Grundrechtspositionen *nur* privatistisch-individuell nachgedacht. Wer mit Grundrechten operiert, sollte immer auch den Kontext politischer Autonomie im Blick behalten.

b) Ein Beispielsfall: Das Feiertagsrecht

Einen schönen Beispielsfall, an dem sich diese Begründungsprobleme festmachen lassen, bietet die Entscheidung des Bundesverfassungsgerichts zum Feiertagsrecht.[68] Das Gericht hatte darüber zu befinden, ob bayerische Regelungen zum Schutz »stiller Feiertage« verfassungskonform sind. Die bayerische Regelung legte fest, dass an einem »stillen Tag« öffentliche Unterhaltungsveranstaltungen, die den ernsten Charakter des Tages nicht wahren, sowie musikalische Darbietungen jeder Art in Räumen mit Schankbetrieb verboten sind. Für den Karfreitag wurde keine Befreiungsmöglichkeit vorgesehen. Die Beschwerdeführer wurden dadurch an der Durchführung einer »Heidenspaß-Party« gehindert. Das BVerfG entnahm Art. 140 GG iVm. Art. 139 WRV die Aussage, dass der Gesetzgeber zum Erlass ethisch imprägnierter Regelungen zum Schutz christlicher Feiertage befugt sei. Die Regelung sei aber verfassungswidrig, weil der strikte Ausschluss von Befreiungsmöglichkeiten am Karfreitag dem kollidierenden Recht der Beschwerdeführer aus Art. 4 GG (negative Bekenntnisfreiheit) und Art. 8 GG (Versammlungsfreiheit) nicht genügend Raum lasse.

Dem Bundesverfassungsgericht ist dogmatisch darin zu folgen, dass Gesetzgebung, die dem (privilegierenden) Schutz einer von einer Religionsgemeinschaft gepflegte Lebensform dient, hinreichenden Raum dafür lassen muss, damit die Anhänger anderer Lebensformen ihre je partikulare Vorstellung vom Guten realisieren können. Dabei ist der konkrete Bedeutungskontext, in dem sich die fragliche Handlung bewegt, zu ermitteln. »Weltanschaulichen Bekenntnissen« kommt dabei nach Art. 4 Abs. 1 GG ein besonderes Gewicht zu. Leider beschäftigte sich das Gericht nicht vertieft mit der Frage, ob die Bekenntnis- oder Weltanschauungsfreiheit einer humanistischen Gemeinschaft, deren Mitglieder ihre Lebensauffassung und ihr Verhalten an den Prinzipien des »westlichen Humanismus« orientieren wollen, durch die Untersagung einer »Heidenspaßparty« am Karfreitag nach 22.30 Uhr greifbar beeinträchtigt wird. Man wird die Frage verneinen müssen. Die Teilnahme an einer derartigen Party ist nicht spezifischer Ausdruck humanistisch-säkularer Lebensführung. Die Veranstalter der »Heidenspaß-Party« werden durch die Regelungen des Feiertagsrechts in ihrer liberalen Freiheit als Party-Veranstalter und -teilnehmer beschränkt – mehr aber auch nicht. Die Veranstaltung ist nicht erkennbar Ausdruck einer – identitätsbildenden – spezifischen Lebensform, für die das Verfassungsrecht eine hervorgehobene Sensibilität entwickeln sollte. Der Ansatz des Gerichts läuft darauf hinaus, den Betroffenen die Verfügung über den Schutzbereich von Art. 4 GG zu überlassen; das kann nicht überzeugen.

Richtig ist vielmehr, dass die Organisation der »Heidenspaßparty« dem politischen Ziel der Bekenntnisgemeinschaft diente, die »Privilegien« der christlichen Religionsgemeinschaften zu bekämpfen und darauf hinzuwirken, dass sich der strikte Laizismus durchsetzt. Die Verfolgung derartiger Zielsetzungen ist Ausdruck der Wahrnehmung politischer Autonomie und ist unter Art. 5 GG, Art. 8 GG, ggf. unter Art. 2 GG zu fassen.[69] Der *politische* Kampf um die Angemessenheit des Feiertagsschutzes kann im liberalen Verfassungsstaat grundsätzlich nur unter Einhaltung der Gesetze – und nicht unter Inkaufnahme einer Gesetzesverletzung – erfolgen. Nicht von der politischen Autonomie ist der Versuch getragen, sich im Zuge einer »Selbsthilfe« einfach über das für unangemessen erachtete Gesetz hinwegzusetzen. Das Gericht hat immer betont, dass Art. 8 GG den Versammlungsteilnehmern nicht das Recht gewähre, Gesetzesverstöße zu begehen. Warum soll für den Austrag des *politischen* Konflikts um die Zukunft der Feiertagsruhe anderes gelten?

Die Entscheidung leidet darunter, dass das Gericht zwischen den Kontexten, in denen die Angehörigen der Bekenntnisgemeinschaft ihre ethische Lebensform realisieren, und den Kontexten des Gebrauchs politischer Autonomie nicht differenziert. Die verfassungsrechtlichen Regeln der Anerkennung sind jeweils unterschiedlich. Ethische Autonomie ließe sich als substanzielles Gegenrecht in Stellung bringen, das den Forderungen eines ethisch imprägnierten Gesetzes entgegen gehalten werden kann. Politische Autonomie wirkt im öffentlichen

Raum, zielt auf eine Änderung des Gesetzes ab, berechtigt vorbehaltlich besonderer Ausnahmesituationen (Art. 20 Abs. 4 GG) aber nicht dazu, den Gesetzesverstoß als Mittel des Kampfes gegen das für unangemessen erachtete Gesetz einzusetzen.

c) Grundrechtliche Bewertung von Maßnahmen zur Ermöglichung politischer Autonomie

Über die Angemessenheit ethisch imprägnierter Gesetzgebung sollte (so die hier aufgestellte These) zunächst und vor allem im politischen Raum gekämpft werden. Damit muss das Verfassungsrecht Sensibilität für die Frage der Zugänglichkeit zu diesem Raum entwickeln. Haben Betroffene angemessene Möglichkeiten, ihre Vorstellungen als freie und gleiche Personen zu äußern? Ohne die Sicherung fairer Bedingungen des politischen Wettbewerbs ließe sich die These nicht halten. Gesetzliche Maßnahmen, die erst den Zugang zum Raum der öffentlichen Auseinandersetzung schaffen, dürfen damit nicht nur als Beschränkung der liberalen Freiheit begriffen werden, sondern lassen sich grundrechtlich als Maßnahmen zur Sicherung von Autonomie rekonstruieren. Dies lässt sich an zwei Problemkreisen illustrieren.

aa) Sprachenpolitik

Der Gebrauch einer Sprache ist sicherlich zunächst eine Lebensform. Gesetzliche Regelungen, die diese Lebensform schützen und pflegen, sind verfassungsrechtlich prima facie unbedenklich. Allerdings findet die gesetzgeberische Gestaltungsfreiheit grundrechtliche Grenzen: Niemand kann dazu gezwungen werden, sich einer Sprache zu bedienen; dies gilt sowohl für die Kommunikation im Privaten wie für jene in öffentlichen Räumen.[70] Zugleich hat aber auch niemand einen Anspruch darauf, von Nachteilen verschont zu bleiben, wenn er oder sie sich außerhalb der gesellschaftlich prägenden sprachlichen Lebensform bewegt. All dies ist unstrittig. Verfassungsrechtliche Unklarheiten bestehen in der Frage, wie weit der gesetzliche Druck gehen darf, eine Sprache zu erlernen.

Gesetze, die Anreize zur Erlernung einer gemeinsamen Sprache setzen,[71] dürfen nicht nur als Instrument gedeutet werden, mit denen eine bestimmte Konzeption des Guten (die Lebensform einer bestimmten politischen Gemeinschaft) gegen die liberale Selbstbestimmung durchgesetzt werden. Sie stellen vielmehr sicher, dass Menschen sich überhaupt als (kommunizierendes) Mitglied der politischen Gemeinschaft begreifen können. Derartige Maßnahmen sichern die Möglichkeit effektiver Wahrnehmung politischer Autonomie und können daher jedenfalls nicht grundsätzlich unter Hinweis auf die liberale Freiheit in Frage gestellt werden. Es bedarf vielmehr einer konkreten, an den Kontexten von politischer Autonomie *und* liberaler Freiheit ausgerichteten Verhältnismäßigkeitsprüfung.

bb) Verschleierungsverbote

Auch die Diskussion um ein Verschleierungsverbot[72] lässt sich nicht auf einen Konflikt zwischen mehrheitlich gepflegter gesellschaftlicher Lebensform und liberaler Freiheit reduzieren. Wer einen Gesichtsschleier trägt, entzieht sich den sozialen Konventionen und normativen Ordnungsvorstellungen darüber, wie ein Mensch als individualisierte Person im Kreis der jeweils freien und gleichen Mitbürger aufzutreten hat. Wer sich der direkten Kommunikation »von Angesicht zu Angesicht« systematisch entzieht, stört nicht unser kulturelles Selbstverständnis – einerseits auf individueller Ebene, mit der Folge von Irritation, Verunsicherung oder gar Verängstigung, andererseits aber auch als *sozial konstituierte Gruppe*. In Frage gestellt werden auch die grundsätzlichen Vorstellungen darüber, wie sich die in einem sozialen Gemeinwesen vereinten Menschen zu begegnen haben, wenn die Konventionen der Sichtbarkeit aufgekündigt werden. Es geht damit um die Sicherung und Durchsetzung der *normativen Erwartungen und Sinnmuster der (politischen) Gemeinschaftlichkeit*, die auf der Idee des Auftretens individueller und individualisierter Personen beruht. In das Bewusstsein einer breiteren Öffentlichkeit ist diese Sichtweise durch die Entwicklungen in Frankreich gelangt. Der französische Gesetzgeber hat sich ihrer bedient, um ein gesetzliches Verbot des Tragens einer Gesichtsverschleierung in öffentlichen Räumen zu rechtfertigen. Der Europäische Gerichtshof für Menschenrechte hat in diesem

Verbot einen Eingriff in konventionsrechtlich gewährleistete Rechte (Art. 8 EMRK, Art. 9 EMRK) gesehen, sie aber als legitime Beschränkung zur Sicherung der »Bedingungen des Zusammenlebens« gedeutet.[73]

Würde sich der Gesetzgeber zum Erlass eines Verschleierungsverbots entschließen, diente dieses damit der Absicherung und Verteidigung der eingespielten und kulturell tief verwurzelten Sinnmuster darüber, dass der Mensch – als individualisierte Person – unter Aufdeckung seines Gesichts in soziale Kontexte eintritt und sich dort aufhält. Nicht der Kommunikationswert, sondern der *Anspruch auf Aufdeckung der Individualität, die erst eine reziproke Anerkennbarkeit als autonomes Subjekt ermöglicht,* wird gestört, wenn jemand eine Gesichtsverschleierung trägt und sich so systematisch dem Anspruch entzieht, als Person aufzutreten. Insofern ist es wenig weiterführend, wenn in der Diskussion immer wieder auf das Tragen von Motorradhelmen, Skimützen etc. verwiesen wird. Die damit angesprochenen Sinnmuster sind im übrigen weltweit verbreitet. Auch in muslimisch geprägten Ländern, in denen Burka und Niqab getragen werden, treten Menschen im öffentlichen Raum grundsätzlich von Angesicht zu Angesicht auf – es sind nur die erwachsenen Frauen, denen dieser Auftritt nicht möglich ist.

Auf diesem Hintergrund dienen Verschleierungsverbote nicht lediglich der Durchsetzung einer partikularen Anschauung über gutes Leben. Sie definieren vielmehr, wie wir politisch zusammen leben wollen und wie sich die politische Gemeinschaft sozial konstituiert. Sie sichern das Auftreten der Betroffenen als politisch autonome Person ab. Das Auftreten als Rechtsperson, die politische Autonomie wahrnimmt, wird jedenfalls gegenwärtig (auch) davon abhängig gemacht, dass die Person ihr Gesicht zeigt und damit »von Angesicht zu Angesicht« argumentieren kann.

Gewiss: Ein Burka-Verbot würde gegenwärtig nur einen verschwindend geringen Personenkreis treffen. Hierauf mit dem beschwichtigenden Einwand zu reagieren, kein staatsrechtliches Problem aus einem Phänomen zu machen, das rein quantitativ keine Bedeutung hat, ist nicht gänzlich abseitig. Eine politische Ordnung kann mit Außenseitern leben, die sich entziehen. Die liberale Position wird zudem darauf verweisen, dass es kein Gebot der Wahrnehmung politischer Autonomie gibt. Bei qualitativer Betrachtung stellt sich das Problem aber anders dar. Wenn es richtig ist, dass die Verschleierung grundsätzliche Muster darüber, wie ein Mensch als individualisierter politischer Akteur im Gemeinwesen auftritt, in Frage stellt, erscheint eine verfassungsstaatliche Vergewisserung zwingend notwendig.[74] Bislang haben diese Fragen in der deutschen verfassungsrechtlichen Diskussion nicht die ihnen zukommende Bedeutung erfahren. Der liberale Grundansatz, der die Diskussion in Deutschland prägt, macht es schwer, zu der Frage vorzustoßen, wie politische Autonomie sinnvollerweise begriffen werden soll. Die Differenzen, die sich hier zwischen der Diskussion in Frankreich und jener in Deutschland auftun, sind auffällig.

Selbst wenn man die Position einnähme, dass es für den Kontext der Wahrnehmung politischer Autonomie von zentraler Bedeutung ist, dass Personen »im Angesicht zu Angesicht« auftreten, bedürfte es noch der Auseinandersetzung mit einer weiteren Problemdimension. Eine Regelung, die den Gebrauch der Burka in öffentlichen Räumen verbietet, würde die betroffenen Frauen daran hindern, überhaupt am öffentlichen Leben teilzunehmen, wenn sie ihre religiösen Glaubensvorstellungen einhalten wollen. Sie würden so aus den öffentlichen Räumen herausgedrängt und gerade am Gebrauch politischer Freiheitsrechte gehindert. Würde ein Verbot des öffentlichen Tragens einer Gesichtsverschleierung erlassen, wäre Frauen, die das Tragen der Burka oder des Niquab als Ausdruck eines Glaubensgebots betrachten, die Möglichkeit genommen, im öffentlichen Raum um Durchsetzung ihrer (Glaubens-)Auffassung zu kämpfen. Bislang wird darum gerungen, welches Gewicht dieser Erwägung eingeräumt werden soll.

3. *Der Kontext liberaler gleicher Freiheit*

Natürlich steht im Zentrum der Grundrechtsstellung im liberalen Verfassungsstaat weiterhin die Gewährleistung gleicher Freiheit.[75] Offenkundig muss sich daher ethisch imprägnierte Rechtsetzung immer *auch* am liberalen Prinzip gleicher Freiheit messen lassen.[76] Grundrechte haben – im Rahmen ihres jeweiligen Schutzbereichs – immer auch eine liberale Freiheitsdimension.[77] Sie lassen Einschränkungen zu, verleihen aber einen Anspruch auf Feststellung, dass die dem Grundrechtsträger zugemutete Behandlung allgemein gerechtfertigt werden kann.

a) Notwendigkeit allgemeiner Rechtfertigung

Beschränkt ein ethisch imprägniertes Gesetz die grundrechtlich gewährleistete liberale Freiheit, so bedarf der Gesetzgeber einer Rechtfertigung. Im Rahmen der Verhältnismäßigkeitsprüfung ist zunächst zu klären, ob der Gesetzgeber teleologisch legitim und zielrational handelt. Entscheidende Bedeutung kommt dann der Angemessensheitsprüfung zu.[78] Bekanntlich stellt sich das BVerfG hier die Frage, ob die vom Gesetzgeber verfolgten Ziele oder die von ihm geschätzten Werte höheres »Gewicht« als die entsprechenden Ziele und Werte des Grundrechtsträgers haben. Eine derartige Abwägung ist stringent schon deshalb kaum möglich, weil es keinen Meta-Maßstab gibt, vermittels dessen das jeweilige Gewicht von Zielen, Werten, ja auch ethischen Vorstellungen des Guten seitens der jeweiligen Mitglieder der politischen Gemeinschaft bestimmt werden könnte. Vor allem – hierauf ist schon hingewiesen worden – läuft diese Prüfung regelmäßig auf eine allgemeine Bewertung des Gesetzes hinaus, die das Spezifische des grundrechtlichen Schutzanspruchs verfehlt.

Weiterführend wäre es, im Rahmen der Angemessenheitsprüfung zu fragen, ob das Gesetz, das sich einer grundrechtlichen Überprüfung stellen muss, von Gründen getragen wird, die nach *Art* und *Inhalt* vor dem Hintergrund des konkreten Kontextes von den in ihrer gleichen Freiheit Betroffenen vernünftigerweise nicht zurückgewiesen werden können. Grundrechtsschutz liefe in seiner liberalen Dimension dann auf die Sicherung des Anspruchs auf *moralische Behandlung* hinaus. Die Verfassungsrichter müssten klären, ob sich die Behandlung in dem Sinn reziprok-allgemein rechtfertigen lässt, dass sie von Gründen getragen wird, die von den als gleichrangig begriffenen konkreten Mitgliedern der Gemeinschaft *vernünftigerweise nicht abgelehnt* werden können.[79] Grundrechtlich würde so sichergestellt, dass der einzelne keinen (grundrechtsrelevanten) Beeinträchtigungen ausgesetzt wird, die nicht von einer Norm bewirkt werden, die eine allgemeine und zu verallgemeinernde Sprache spricht. Gesetze, die einer Prüfung am Maßstab der Grundrechte zu unterziehen sind, haben dann keinen Bestand, wenn sie sich alleine auf Gründe stützen, die den Anforderungen an eine reziproke und im strengsten Sinn allgemeine Rechtfertigung nicht genügen.[80] Lässt sich ein Gesetz nicht in diesem Sinne gegenüber jedem (und damit auch dem Grundrechtsträger) rechtfertigen, unterläuft es ein Fundamentalprinzip konstitutioneller Staatlichkeit.

Die diesbezügliche Verhandlung von Gründen kann nicht außerhalb des Kontextes lebensweltlicher Traditionen und juridischer Rechtfertigungsnarrative verwirklicht werden, muss aber dem Anspruch nach danach streben, die situative Konkretheit zu überwinden. Anzustreben ist ein »kontextualistischer Universalismus«[81], der theoretische Einsichten über den Menschen als Menschen zutage fördert, die zugleich inhaltlich-substanziell sind und eine Allgemeinheit besitzen, die ihre Gültigkeit im Sinn der Konsensfähigkeit unterstellen lässt. Die Verfassungsgerichtsbarkeit kann so – auf der Ebene material-universaler Konkretisierung – Bestände erschließen, die zugleich eine erhebliche Stabilität aufweisen und nicht vollständig der geschichtlichen Veränderung entzogen sind. Derartige Einsichten können sich verändern, wandeln und ausdifferenzieren.[82] Die Bestimmung jener Grundrechtsgehalte, die – in den jeweiligen Lagen- unter Rückgriff auf die moralische Hintergrunddimension entwickelt werden müssen, ist damit niemals endgültig abgeschlossen.

Die Verfassungsgerichtsbarkeit wird mit der Schwierigkeit konfrontiert sein, dass die Relativität, Pluralität und geschichtliche Wandelbarkeit von Aussagen darüber, welche Beeinträchtigungen im Lichte reziprok-allgemeiner Begründungen gerechtfertigt werden können, in dem Umfang zunehmen, in dem die Konkretheit und Spezifität der zu beurteilenden Lage zunimmt. Verfassungsrechtsdogmatisch lässt sich dieser Umstand aber ohne Weiteres verarbeiten. Denn in dem gleichen Maße nimmt das Gewicht der Gründe ab, die das Verfassungsgericht dafür anführen kann, sich unter Rückgriff auf Grundrechte über den Willen des Gesetzgebers hinwegzusetzen. Einen klaren Punkt, wann das Gewicht so gering geworden ist, dass eine grundrechtliche Intervention nicht mehr gerechtfertigt werden kann, gibt es nicht. Das BVerfG sollte sich dieses Zusammenhangs aber bewusst sein und gegebenenfalls Zurückhaltung wahren.

Im Grundsatz sollte sich die liberale Dimension des Grundrechtsschutzes darauf erstrecken (aber auch damit begnügen), die Grundrechtsträger vor Freiheitseinschränkungen (bzw. Beeinträchtigungen ihrer Lebensform) zu schützen, die nicht wechselseitig-allgemein gerechtfertigt, sondern nur ethisch begründet werden können. Dies gilt insbesondere für *Zwangsmaßnahmen*, die darauf abzielen, den Grundrechtsträger zur Übernahme bestimmter Praktiken zu veranlassen.[83] Der Gesetzgeber könnte daher kein Integrationsgesetz erlassen, mit dem Zuwanderer zum Besuch des Oktoberfestes, zum Tragen der jeweils lokalen Tracht etc. gezwungen werden. Völlig selbstverständlich ist es (und im Grundgesetz auch ausgesprochen), dass niemand dazu gezwungen werden kann, sich einer bestimmten Glaubensgemeinschaft anzuschließen. Die Grundrechtsträger haben demgegenüber keinen Anspruch darauf, dass ihre Lebensform im öffentlichen Raum gleich behandelt wird.[84] Grundrechte gewähren keinen Schutz davor, in einer Gesellschaft zu leben, in der im öffentlichen Raum alle Lebensformen gleiche staatliche Wertschätzung erfahren, wenn dies nicht mit Freiheitseinschränkungen einhergeht. Sie gewähren auch keinen Anspruch darauf, dass individuelle Freiheit nur durch den rationalsten aller denkbaren Regelungsansätze beeinträchtigt wird.

b) Fallgruppen eines Vorrangs der gesetzgeberischen Durchsetzung des Guten

Gibt es Fallgruppen, in denen ein Gesetz und die von ihm bewirkte Beeinträchtigung liberaler Freiheit nicht allgemein-reziprok gerechtfertigt werden können, ohne dass es deshalb zur Feststellung der Nichtigkeit kommen muss? Können sich ethisch imprägnierte Regelungen in bestimmten Fällen auch *gegen* die liberale Freiheit durchsetzen? Der bloße Verweis darauf, dass die partikulare Konzeption des Guten für ihre Anhänger *besonders wichtig* ist, rechtfertigt es sicherlich noch nicht, diese zu Lasten individueller Freiheit durchzusetzen; dies gilt auch dann, wenn es sich um eine übergroße Mehrheit handelt. Anders stellt sich die Situation möglicherweise dar, wenn die Pflege und der Schutz einer bestimmten partikularen Konzeption des Guten die – allgemein konsentierte – *Grundlage einer politischen Gemeinschaft* darstellt. Man denke an den Staat Israel und die Stellung des jüdischen Glaubens oder – in einem kleinräumigeren Zusammenhang – an eine Amish-Gemeinde in den USA. Wer in derartige Gemeinschaften neu eintritt, wird sich nicht (sofort) auf liberale Freiheitsprinzipien berufen können, um sich gegen die Zumutungen zu wehren, die sich aus der rechtlichen Verankerung der allgemein gepflegten Konzeption des Guten ergeben. In Deutschland lässt sich dieses Argument für die allgemeine Schulpflicht anführen. Schule ist sicherlich ethisch weniger neutral, als dies gelegentlich suggeriert wird – den jungen Menschen wird hier eine Lebensform vermittelt, die stark von bestimmten Konzeptionen des Guten geprägt ist.[85] Wer nach Deutschland kommt, kann sich aber nicht auf liberale Rechte berufen, um sich dieser allgemein gepflegten Lebensform zu entziehen. Natürlich bleibt der Gebrauch der politischen Autonomie immer möglich.

Wer sich einem strikt liberalen Ansatz verschreibt, wird im übrigen der Meinungsäußerungsfreiheit einen bis an die Grenzen der Erträglichkeit gehenden Schutzgehalt zuschreiben und Meinungsäußerungen in weitestgehendem Umfang zulassen – einschließlich von »hate speech« und persönlichen Angriffen.[86] Erst die direkte Schädigung des Gegenübers überschreitet danach eine Grenze. Einschränkungen zur Wahrung einer bestimmten Kultur wären demgegenüber nicht tragfähig. In der Rechtsprechung des Bundesverfassungsgerichts zu Art. 5 Abs. 1 GG war bekanntlich seit den 1990er Jahren eine Liberalisierung zu erkennen, ohne dass aber, so zu erkennen ist, gewisse Restbestände einer ethischen Konzeption politischer Kultur entfallen wären. Umso auffälliger ist, dass das Gericht in der Entscheidung zu § 130 Abs. 4 StGB ganz klar einen ethisch imprägnierten Begründungsansatz wählt[87] – wenngleich das hinter dem methodisch wenig befriedigenden Versuch, den durch § 130 Abs. 4 StGB bewirkten Eingriff verfassungsrechtshistorisch zu begründen, leicht verschwindet. Letztlich geht es um den Versuch, eine nur ethisch, aber nicht liberal zu begründende Konzeption politischer Kommunikation zu entwerfen. Ist das Ausdruck von vielleicht gar unvermeidlichen Inkonsistenzen der Rechtsprechung eines vielbeschäftigten Gerichts, oder sollte man nicht grundsätzlich neu darüber nachdenken, wie Fragen der politischen Kultur in Art. 5 GG verarbeitet werden müssen?

Entsprechende Überlegungen lassen sich im übrigen an einzelne Regelungen des Strafrechts herantragen. Im StGB finden sich etwa in § 166 StGB (»Beschimpfungen von Bekenntnissen«) oder § 173 StGB (»Beischlaf zwischen Verwandten«)[88] ethisch imprägnierte Verbote.[89] Zwar bemüht man sich seit Jahren darum, diese argumentativ auf eine neutrale Basis zu stellen. Überzeugend gelungen ist dies nicht. Im Lichte der hier entwickelten Konzeption wäre zu fragen, ob sich die Strafrechtsnormen nicht auf Feldern bewegen, auf denen es dem Gesetzgeber möglich ist, eine bestimmte partikulare Konzeption des Guten zu schützen, die von der ganz überwiegenden politischen Gemeinschaft für ethisch wertvoll gehalten wird. Wer den Blick über den Atlantik wirft und die Verhältnisse in den USA untersucht, erkennt, dass derartige Fragen auch in einer liberalen Verfassungsordnung unterschiedlich beantwortet werden können. Dem Gesetzgeber muss es jedenfalls grundsätzlich möglich sein, bestimmten Lebensformen einen Schutz zu verleihen, deren Sinnpotentiale für die Mitglieder der Gemeinschaft besonders wichtig sind, wenn die dadurch bewirkte Einschränkung liberaler Freiheit gering wiegt.[90] Das liberale Prinzip ist nicht der Trumpf, mit dem jedes ethisch imprägnierte Gesetz überspielt werden kann.[91]

c) Individuelle Freiheit im öffentlichen Amt

Besondere Probleme stellen sich, wenn und soweit es um die Stellung von Amtsträgern geht. Immer wieder ist die Rechtsprechung damit konfrontiert, dass Grundrechtsträger (unter Berufung auf das liberale Prinzip) im Amt eine bestimmte Konzeption des guten Lebens pflegen wollen. Die wohl bekannteste Fallgruppe bildet das Tragen des Kopftuchs.[92] In der Entscheidung von 2015 hat der Erste Senat des Bundesverfassungsgerichts das liberale Freiheitsrecht der Religionsfreiheit[93] nicht nur weit in die Amtssphäre hinein erstreckt.[94] Er postuliert sogar, dass diese Freiheit erst dort ende, wo es zu konkreten Konflikten komme. Damit wird das Wechselverhältnis von Amtlichkeit, Freiheit und Gleichheit verkannt. Aus Art. 33 Abs. 2 und Abs. 3 GG ist zu entnehmen, dass Regelungen über den *Zugang* zu öffentlichen Ämtern (wie etwa der Stellung als Lehrerin an einer staatlichen Schule)jedenfalls primär nicht freiheitsrechtlich zu überprüfen sind, sondern vorrangig allein am Gleichheitssatz gemessen werden müssen. Der gleiche Anspruch auf Zugang zum öffentlichen Amt wird beeinträchtigt, wenn Zugangshindernisse begründet werden, die zwischen verschiedenen Lebensformen differenzieren, ohne dass hierfür eine sachliche Rechtfertigung besteht. Art. 33 Abs. 3 GG macht deutlich, dass eine Privilegierung oder Benachteiligung einzelner Religionen a limine ausgeschlossen ist. Eine Regelung, die den Zugang zum Schuldienst Personen versperrt, die sich nicht dazu verpflichten, religiös neutrale

Kleidung zu tragen, wäre danach nicht als Freiheitseinschränkung zu thematisieren. Vielmehr ginge es darum, ob eine oberflächlich gleichbehandelnde Regelung vielleicht doch eine versteckte Diskriminierung bestimmter Lebensformen beinhaltet. Erst im Anschluss wäre zu fragen, ob der gleiche Anspruch aller Deutschen auf Zugang zu einem öffentlichen Amt dadurch beschnitten wird, dass unangemessene Anforderungen gestellt werden – etwa Beschränkungen der Kleiderwahl, die nicht funktionsnotwendig sind. Den Ausgangspunkt der Analyse muss dabei die *staatliche Funktionsbeschreibung des Amtes* bilden, nicht die bürgerliche Freiheit, sich im Amt beliebig verhalten zu können. Die Begründung der Kopftuchentscheidung des Ersten Senats erscheint mir insofern schon im Grundansatz für überprüfungsbedürftig.

4. Der Kontext ethischer Identität

Grundrechte ermöglichen es der Rechtsperson nach dem Gesagten, sich gegen Beeinträchtigungen zu wehren, die liberale Freiheit beeinträchtigen und sich nicht reziprok-allgemein rechtfertigen lassen. Dieser Kontext gewährleistet – in den Grenzen des grundrechtlichen Schutzbereichs – ein freiheitliches Lebensumfeld, das der prozedural-liberalen Konzeption von der freien und gleichen Rechtsperson entspricht. Das grundgesetzliche Verständnis der grundrechtlichen Rechtsperson ist damit aber nicht vollständig erschlossen.

a) Die grundrechtliche Sorge um individuelle Identität

Grundrechtliche Rechtssubjektivität stützt sich auf ein Bild menschlicher Personalität, das vom Wissen darum geprägt wird, dass sich der Mensch erst durch die Orientierung an bestimmten und je individuellen Konzeptionen des Guten als Person begreifen kann. Die Grundrechtsordnung erkennt die konstitutive Rolle an, die der Orientierung an partikularen Werten bei der Herausbildung der Identität des Selbst zukommt. Sie gewährt der Rechtsperson eine Schutzhülle, vermittels derer die ethische Identität und die darin angelegte Konzeption des eigenen guten Lebens rechtlichen Schutz erfahren, und zwar sowohl für solche (Teil-)Konzeptionen, mit denen sich das Selbst gegen andere abgrenzt, als auch für solche (Teil-)Konzeptionen, die das Selbst in reziproke oder gemeinschaftliche Zusammenhänge (»Gruppenidentität«) einbinden. Grundrechte sind Institutionen, die den Menschen bei ihrer Selbstdeutung und Lebensorganisation kulturspezifisch Unterstützung gewähren. Grundrechte erkennen die Schutzbedürftigkeit der »ethischen« Person an.[95]

Hinter dieser Aussage steht die Erkenntnis, dass sich Urteile darüber, was als gerecht oder ungerecht empfunden wird, nicht allein darauf stützen, ob jedem die gleichen Freiheiten oder ein gleiches Maß an Gütern gewährt worden sind. Eine angemessene Behandlung von Gerechtigkeitsfragen wird nur gelingen, wenn die Ermöglichungsbedingungen für gelungene Identitätsbildung der grundrechtlichen Subjekte (in den jeweiligen kulturellen, religiösen, sozialen und anderen Kontexten) in den Blick genommen werden. Nicht nur die faire Verteilung von Grundgütern, sondern die Strukturen und die Qualität der Anerkennungsbeziehungen müssen damit grundrechtlich thematisiert werden (können). Grundrechte zielen auf eine gerechte öffentliche Ordnung ab, in der nicht nur formale gleiche Freiheit besteht, auf deren Grundlage jede Person macht, was sie will. Das Grundgesetz errichtet eine Ordnung, die Lebensentwürfe aufnimmt und fördert.

Dem Grundgesetz liegt damit eine Konzeption der Personalität zugrunde, die gerade nicht darin aufgeht, dass der einzelne in gleicher Freiheit »Schmied seines Glücks« ist. Grundrechtsschutz bedeutet nicht nur, politische und liberale Autonomie pflegen zu können, sondern auch, sich unter dem Schutz der Verfassung als ethisch orientiertes Subjekt loyal verhalten zu können (um hier einen Kurzbegriff für die sich aus Gemeinschaftlichkeit ergebende besondere Pflichtenstellung einzuführen). Wenn *Ronald Dworkin* darin recht hat, dass die Idee des Liberalismus im Prinzip verwurzelt ist, dass die öffentliche Gewalt jedem Bürger das Recht zuschreibt, »equal concern and respect« verlangen zu können, bedeutet dies gerade nicht, dass jedem nur gleiche Freiheit zugebilligt werden kann.

Dem Verfassungsgericht wird damit die voraussetzungsvolle Aufgabe überantwortet, zu entscheiden, wann das kontextimmanente ethische Sichfinden auch gegen (ggf. universalistische) Entscheidungen des Gesetzgebers zu schützen ist. Leider werden die jahrzehntelangen Diskussionen, die andernorts über den Stellenwert von »community«, »communal identification« und »differentiation« geführt wurden, in Deutschland – jedenfalls im Verfassungsrecht – bislang nicht richtig rezipiert. Schriften wie denjenige von *Christine Langenfeld*[96] und *Gabriele Britz*[97] sind noch nicht angemessen rezipiert worden.[98]

b) Wandel der Muster

Die grundrechtsdogmatische Verarbeitung des Anliegens, der jeweiligen Identitätsbildung (als Gläubigem, als Mitglied einer kulturell geprägten Gruppe, als Angehörigem einer bestimmten Ethnie etc.) angemessene Unterstützung widerfahren zu lassen, ist voraussetzungsvoll.[99] Heute geht es nicht mehr um stabile Identitäten, derer sich eine Person über lange Zeiträume – möglicherweise lebenslang – bedient. Identitätsbildung ist heute so fluide wie die gesellschaftliche Entwicklung allgemein. Die Rahmenbedingungen, innerhalb derer wir unser Verständnis vom guten Leben entwickeln müssen, haben sich in den letzten fünfzig Jahren radikal gewandelt. Gesellschaftlich »gespeicherte« Muster, die als Orientierungsfolien dienen könnten, sind in weitem Umfang weggebrochen. Der gesicherte Platz in einer stabilen sozialen Ordnung, den die Menschen je nach Herkunft und Neigung anzustreben hatten, ist präkär geworden.[100] Identitätsbildung bedient sich nicht mehr einfach vorgefertigter und kulturell überlieferter Muster. Man ist darauf verworfen, sich in einer beständig verändernden gesellschaftlichen Umgebung aus der Vielzahl von Angeboten eine eigene Identität zu formen. Die Idee der Gestaltbarkeit der eigenen Identität, bis ins 20. Jahrhundert hinein auf wenige – vorwiegend bürgerliche – Schichten beschränkt, hat die Gesellschaft inzwischen flächendeckend durchdrungen. Gelungene Identitätsbildung erfolgt in nachlassendem Maße durch Anlehnung an und Replikation von Vorgefundenem, sie ist nicht die Realisierung einer schon angelegten Bestimmung, sondern die Entwicklung eines eigenen Entwurfs, natürlich immer verbunden mit der Gefahr des Scheiterns.

In einem Prozess, der sich ab der Mitte des 20. Jahrhunderts bemerkbar machte und der bis heute nicht beendet ist, wurden gesellschaftliche Verhältnisse, Strukturen und Konventionen aufgebrochen. Die Realisierung von Lebensentwürfen außerhalb der überkommenen Vorstellungen wurde zum politischen Programm. Die Suche nach Selbstverwirklichung außerhalb überkommener Leitbilder und Institutionen entwickelte sich zum wichtigen Bestandteil der narrativen Selbstbestimmung des eigenen Seins. In der Folge potenzierten sich die Möglichkeiten des Selbstverständnisses eines guten Lebens. Soziale Rollen, in die man »natürlich« hineinwächst, zerbröselten. Es erfolgte eine neue Freisetzung von Subjektivität, die zugleich Befreiung und Chance, Entwurzelung und Herausforderung bedeutet. Die Suche nach Antworten auf die Frage des »Wer bin ich?« und »Wer will ich sein?« wird in der Fluidität des Möglichen zur sich immer neu stellenden Aufgabe.

Natürlich bleiben die Konzeptionen eines gelungenen Lebens davon nicht unberührt. Sie wurden und werden zunehmend weniger dadurch definiert, dass man sich bestimmte Entwürfe und Formen aneignet (»Karriere«, »Familie«, »Vorstadtleben im Einfamilienhaus«). Im Prozess der – mehr oder weniger mühseligen – Identitätsbildung wird aus der unbeschränkten Vielzahl von Möglichkeiten ein Gesamtensemble zusammengestellt[101] – ein Ensemble, das nie stabil und immer der Selbstüberprüfung ausgesetzt ist, das beständigem Überprüfungs- und Bewährungsdruck unterworfen ist, das schon dann, wenn es länger unverändert ist, den Charakter des Schalen und Sterilen anzunehmen scheint. Die Suche nach »identity« ist zum zentralen Ausdruck von Autonomie im frühen 21. Jahrhundert geworden.[102] In der Folge kommt es zu einer Auflösung der Dichotomie »Gesellschaft« und »Gemeinschaft« in Merkmalsreihen. Als Alternativschemata von Wertorientierungen lassen sich etwa benennen: affectivity v. affective neutrality; particularism v. universalism; ascription v. achievement; diffuseness v. specificity.[103] Zu beobachten sind vielfältige Zwischenformen, die sich nicht in eine schlichte Dichotomie einfügen lassen.

c) Grundrechtsinterpretation als »Rechtsethik der Identität«

Die Muster der Identitätsbildung mögen sich gewandelt haben – grundrechtlicher Schutzbedarf besteht weiter, ja vielleicht sogar mehr denn je. Die Grundrechtsinterpretation muss sich der Einsicht stellen, dass die gesetzliche Stabilisierung der Ordnungsmuster, auf die sich die (über bestimmte Konzeptionen des Guten konstituierte) »ethische« Person stützt, ein genuiner Verfassungswert ist. Grundrechte werden zwar kaum je einen Anspruch auf Erlass konkreter identitätsstützender Gesetzesbestimmungen begründen können (hierauf wird sogleich einzugehen sein). Sie müssen aber so interpretiert werden, dass sie dem Gesetzgeber angemessenen Raum lassen, Maßnahmen zur Stützung bestimmter Identitätskonzeptionen zu schaffen. Im Grundsatz spielt es dabei keine Rolle, ob dies Konzeptionen einer großen Mehrheit sind oder ob es sich um die Vorstellungen kleiner Gruppen handelt. Grundrechte sollten insbesondere nicht als Hebel dienen, mit denen der Gesetzgeber zu einer Öffnung und Anpassung von Rechtsinstitutionen gezwungen wird, in denen sich partikulare Vorstellungen über das Gute abbilden, nur weil sich konkurrierende Muster herausbilden.

Das hier sicherlich bekannteste Beispiel bildet die Ehe, die – unter dem Schutz von Art. 6 GG stehend – vom Gesetzgeber als Verbindung von Mann und Frau verstanden wurde. Auch wenn das Grundgesetz die Ehe nicht ausdrücklich als Verbindung von Mann und Frau definiert, ist doch unabweisbar, dass sich die am Prozess der Verfassungsgebung beteiligten Personen[104] ebenso wie die gelebte Verfassungswirklichkeit der ersten Jahrzehnte dieses Verständnisses bedient haben. Das Eherecht wurde insofern von dichten Vorstellungen darüber getragen, wie erwachsene Paare ein gelungenes Leben führen können. Es sind dies Vorstellungen, die zwar verblassten, gleichwohl aber in nicht kleinen Kreisen der Bevölkerung erheblichen Rückhalt genossen. Ohne Zweifel kann niemand zur Heirat gezwungen werden. Ebensowenig können Paare daran gehindert werden, sich alternativer Lebensformen zu bedienen. In beiden Fällen geht liberale Freiheit vor. Bedeutet dies aber auch, dass der Gesetzgeber die Institution der Ehe öffnen und gleichgeschlechtlichen Paaren zugänglich machen *muss*, wenn diese die Ehe im bürgerlich-rechtlichen Sinne zu ihrer Lebensform machen wollen? Der US-Supreme Court hat diese Frage aus der Perspektive liberaler Freiheit thematisiert.[105] Dogmatisch überzeugender dürfte es sein, hierin ein Problem der Reichweite von Ansprüchen auf Anpassung von Institutionen zu sehen, in denen bestimmte Konzeptionen des guten Lebens abgebildet werden. Nicht um liberale Freiheit, sondern um eine grundrechtliche »Ethik der Identität« geht es.

Das BVerfG kam nicht mehr dazu, sich zu diesen Fragen vertieft äußern zu müssen. Es hat sich damit begnügt, die vom Gesetzgeber geschaffene Alternativinstitution der »Lebenspartnerschaft« schrittweise der Ehe gleichzustellen. Die inzwischen längere Rechtsprechungslinie ist durch eine liberal-egalitäre Handschrift gekennzeichnet. Im Ergebnis ist es zum Nebeneinander zweier Institutionen gekommen, die sich in kaum mehr etwas unterscheiden. Eine der Institutionen ist gemischt-geschlechtlichen Paaren vorbehalten, die andere gleichgeschlechtlichen. »Separate but equal« – ein Zustand, der sich rechtspolitisch nicht dauerhaft halten lässt.[106] Durch die Verabschiedung des Gesetzes »Ehe für alle«

ist der Frage, ob eine verfassungsrechtliche Pflicht zur Öffnung der Institution besteht, die Grundlage entzogen worden.

Die verfassungsrechtstheoretisch zentrale Frage danach, inwieweit sich aus Grundrechten Ansprüche auf Öffnung und Anpassung von Rechtsinstitutionen ergeben können, bleibt damit im Grundsätzlichen unbeantwortet. Der Streit um die Öffnung der Ehe und ihr Verhältnis zur Partnerschaft war eben nicht lediglich ein politischer Streit – auch wenn er in besonderer Weise politisiert war, weil er zugleich den Kern persönlicher Lebensführung zum Gegenstand hat und Institutionen betrifft, in denen der Nukleus gesellschaftlicher Organisation liegt. Der Streit war auch nicht lediglich ein Streit darum, ob gesetzgeberische Entscheidungen dem grundrechtlichen Freiheitsanspruch standhalten (so in den USA[107]). Der in der rechtswissenschaftlichen Literatur vehement ausgetragene Streit um die Öffnung der Ehe musste vielmehr als Kampf darum rekonstruiert werden, inwieweit Verfassung und Verfassungsgerichtsbarkeit traditionelle und in das gesellschaftliche Tiefengewebe eingebundene Rechtsinstitutionen gegen kollidierende Freiheitsansprüche stabilisieren können. Er steht damit paradigmatisch für andere Konfliktfelder, etwa den inzwischen aufbrechenden Konflikt darüber, inwieweit Menschen zur Einordnung in ein binäres Geschlechtersystem gezwungen werden können.[108]

Eine Konfliktlösung wird nicht ohne Differenzierungen auskommen. Rechtsinstitutionen, in denen Lebensformen verfasst werden, kommt kein apriorisch-statischer Wert zu.

Sie sind Institutionen, deren Wert sich danach bemisst, inwieweit die in einer Gesellschaft lebenden Menschen die Anschauung von der besonderen Vorzugswürdigkeit der jeweiligen Lebensform teilen. Der Gesetzgeber hat Änderungen der diesbezüglichen Anschauungen nicht mechanisch oder gar sprunghaft nachzuvollziehen. Er kann seinerseits Wertungen vornehmen. Die Verteidigung des Fortbestands von Rechtsinstitutionen, die durch Änderung gesellschaftlicher Anschauungen entwertet wurden, ist sicherlich nicht unbegrenzt möglich. Gegebenenfalls muss das BVerfG einschreiten. Nicht die Aufgabe dieses Gerichts ist es demgegenüber, sich zum Bannerträger eines vermeintlichen »Fortschritts« zu machen, sich auf die jeweils individuellen Lebensanschauungen der Richterinnen und Richter zu stützen und selbst eine Anpassung vorzunehmen.

d) Grundrechtliche Ansprüche auf besondere Anerkennung konkreter Lebensformen?

Erstaunlich wenig durchdrungen ist – auf grundsätzlicher Ebene – auch die Frage, inwieweit sich aus Grundrechten Ansprüche darauf geben können, partikularen Lebensformen einen besonderen Schutz zukommen zu lassen. Die Frage nach dem Platz eines »Identitätsliberalismus«[109] hat in einer liberalen Verfassungsordnung nur eine beschränkte Relevanz: Im Regelfall reicht es aus, wenn liberale Freiheitsrechte den Menschen einen Rechtsrahmen schaffen, die je eigene Konzeption eigenverantwortlich zu verwirklichen. Die liberalen Prinzipien, die hinter den

Grundrechten des Grundgesetzes stehen, lassen sich als Festsetzung lesen, sich in ethischen Fragen des guten Lebens nicht einzumischen. Die Mitglieder der politischen Gemeinschaft bringen damit ihren Willen zum Ausdruck, in diesen Fragen Toleranz walten zu lassen.[110] In einem freiheitlichen Staat bedarf es danach grundsätzlich keiner besonderen Vorkehrungen, um den einzelnen die Pflege der jeweils für wertvoll erachteten Lebensform zu ermöglichen. Dies gilt insbesondere in einem Staat, in dem weitgehende Übereinstimmung besteht. Konflikte lassen sich als Problem liberaler Freiheit reformulieren.

Gibt es Konstellationen, in denen dieser Verweis auf die gleiche Freiheit nicht ausreicht, um den Menschen ein – nach ihrer jeweiligen Konzeption – sinn- und wertvolles Leben zu ermöglichen? Ethische Identitäten müssen nicht, können aber im Einzelfall fragil sein. Über die Notwendigkeit verfassungsrechtlichen Schutzes bestimmter Konzeptionen wird etwa hinsichtlich des Schutzes von Minderheitskulturen diskutiert (man denke an die sprachlichen Minderheiten in Kanada, an indigene Volksgruppen in den USA, an die dänische Minderheit oder die Sorben in Deutschland).[111] Diese Diskussion spielt im deutschen Verfassungsrecht keine Rolle; sie hat auch in der Rechtsprechung des Bundesverfassungsgerichts keine wesentlichen Spuren hinterlassen. Der Platz reicht hier nicht für mehr als eine kursorische Bemerkung: Jedenfalls kann es grundrechtlich nur um einen Anspruch auf gleiche Anerkennung gehen – also nicht die Zuerkennung von Privilegien, sondern nur eine wertende Gleichstellung, durch die sichergestellt wird, dass eine Lebensform den ihr zukommenden Respekt erfährt.

Das Bemühen des Rechts um ethische Inklusivität zwingt zur Beachtung und kontextsensibler Behandlung von Differenzen. Nicht jede Regung und Neigung bedarf rechtlicher Anerkennung und Absicherung, nicht jede Gruppe muss ihre Lebensform rechtlich geschützt wissen.[112] Der naive Idealismus mancher Anhänger eines »Multikulturalismus« hat keinen Sinn für die damit verbundenen Desintegrationstendenzen.[113]

Deutlich stärkere Spuren hat die Frage in jenen Bereichen hinterlassen, die das BVerfG in seiner Rechtsprechung zum allgemeinen Persönlichkeitsrecht thematisiert. Hier geht es in weiten Bereichen um den Schutz bestimmter partikularer Vorstellungen vom guten Leben. Die grundsätzliche Schutzfähigkeit partikularer Konzeptionen des guten Lebens ist damit anerkannt.[114] Wer die Rechtsprechung verfolgt, muss allerdings zur Kenntnis nehmen, dass die Reichweite der jeweiligen (Teil-)Gewährleistungsbereiche diffus bleibt, der Schutz zudem regelmäßig auf Abwägungen hinausläuft. Vieles scheint hier von den subjektiven Vorstellungen der Richterinnen und Richter geprägt zu sein, die ihre je eigenen Vorstellungen darüber, was Privatheit, Ehre, guter Ruf etc. bedeutet, zum Tragen bringen können. Das BVerfG betätigt sich so – in juridisch kaum greifbarer, politisch aber möglicherweise wohltuender Weise – an der »ethischen Feinsteuerung« des Rechts. Viele Herausforderungen sind noch unbewältigt: So ist das Gericht inzwischen mit der Frage befasst, inwieweit personenstandsrechtliche Regelungen Bestand haben können, die als Geschlecht einer Person entweder »männlich« oder »weiblich«, nicht aber ein Drittes vorsehen.

Grundrechtsinterpretation bedeutet in diesen Bereichen Spurensuche nach der Vorstellung des von den Trägern (ggf. gemeinsam) bejahten Guten. Um hier weiterzukommen, bedarf es der subtilen Bewegung in einem vielschichtigen argumentativen Umfeld. Notwendig ist nicht nur eine Sphärenbetrachtung: Ein Akteur in einem Markt ist anders zu behandeln als ein Kind in einer Schule; wieder anderes gilt für ethnische Minoritäten. Jedenfalls müssen menschenrechtlich-universalistische Grenzziehungen beachtet werden, die nicht einfach durch partikulare Geltungsansprüche überspielt werden dürfen. Identitätspolitik kann zu einer Versplitterung der inneren Bezüge des Gemeinwesens führen, zudem zu einem Despotismus der je subjektiven Befindlichkeiten.[115] Sie durchbricht die Idee gleicher bürgerlicher Freiheit. Im Blick zu behalten ist auch, dass die Überführung von Kultur in Recht zwar nicht notwendig Verluste, wohl aber Bedeutungsänderungen mit sich bringt.[116] Ohne den Mut zur Wertung wird man hier keine begründeten Aussagen treffen können. Und für einen naiven Identititätsschutz-Überschwang besteht kein Anlass.

Das Verfassungsrecht wird jedenfalls nicht umhinkommen, zur Art, Dichte, Quantität und Qualität der Vorstellung über das guten Leben Stellung zu beziehen, auf die sich die jeweiligen identitätsschützenden Ansprüche stützen. Nur dann werden Aussagen darüber möglich sein, wie weit die Förderung von politisch für besonders wichtig gehaltenen Assoziationen grundrechtlich geboten ist.[117] Nur dann kann entschieden werden, wie weit die Hegung bestimmter, ethisch besonders wertvoller Lebensentwürfe vor dem Hintergrund des grundrechtlichen Konzepts von Rechtssubjektivität zwingend ist. Jedenfalls implizit geht es bei dieser Diskussion auch um die *sozio-kulturellen Voraussetzungen einer intakten demokratischen Gemeinschaft*, deren Mitglieder sich *nicht allein* darauf stützen wollen, sich als freie und gleiche Bürgerinnen und Bürger zu beachten.

5. Von der Notwendigkeit einer Gesamtbetrachtung der verschiedenen Kontexte

Der Grundrechtsstatus, der einer Rechtsperson durch das Grundgesetz verliehen wird, umfasst mehrere Kontexte. Grundrechtsträgerinnen und Grundrechtsträger sind Personen, die sich nicht nur als Freie und Gleiche begegnen, sondern auch als Mitglieder von Gemeinschaften, und zwar von verschiedenen Gemeinschaften. Es sind Personen, die nicht nur liberale Freiheit beanspruchen, sondern immer auch partikulare Vorstellungen vom guten Leben verfolgen, und zwar mit teils erheblichen Abweichungen. Grundrechtstheorie und Grundrechtspraxis müssen die multiple Vielschichtigkeit dieser Gegebenheiten aufnehmen und verarbeiten, indem sie die verschiedenen Kontexte der Grundrechtssubjektivität zur Kenntnis nehmen und bei der Entwicklung und Bewertung von Schuzinteressen in Rechnung stellen.

Die vorstehend beschriebenen Kontexte sind verbunden, allerdings nicht aufeinander reduzierbar. Wer beim BVerfG liberale Freiheit einklagt, ist eben immer auch politischer Akteur, verfügt über eine ethische Identität und bewegt sich in kollektiven (gemeinschaftlichen ebenso wie »differenten«) Lebensformen. Grundrechtstheorie sollte sich von der Vorstellung lösen, dass sich der Rechtsstatus der Grundrechtsträger auf einen Kontext – etwa jenen der liberalen gleichen Freiheit – reduzieren lässt. Das Grundgesetz zwingt den Gesetzgeber nicht zu einem moralischen Kosmopolitismus, und es ist auch keine neutral-liberale oder gar libertäre Ordnung, die Freiheitseinschränkungen nur duldet, wenn ein konkreter Schaden für Dritte erkennbar ist. Wer sich mit Grundrechten beschäftigt, sollte sich dieser Komplexität des Gegenstandes stellen. Die Spannungen zwischen den verschiedenen Formen der Autonomie müssen angenommen und konkret bewältigt werden. So genießt der liberale Freiheitsanspruch einen stärkeren Geltungsanspruch, wenn er der Realisierung einer sinngetragenen Lebensform dient, als wenn es um die bloße Realisierung hedonistischer Lust geht. Er setzt sich regelmäßig durch, wenn es um Zwang geht, der nicht auf reziprok-allgemein vermittelbaren Gründen beruht. Weitere Wechselbezüge ließen sich unschwer etablieren.

a) Zusammenführung der Kontexte politischer Autonomie, liberaler Freiheit und ethischer Wertorientierung

Die Beurteilung, ob Grundrechtsträger durch eine gesetzliche Entscheidung beeinträchtigt werden, verlangt eine Inblicknahme aller Dimensionen. Die Entscheidung, ob der Grundrechtsstatus übermäßig eingeschränkt wird, lässt sich nur treffen, wenn die verschiedenen normativen Dimensionen, in denen die Person situiert ist, in ihrem Gesamtzusammenhang gelesen und wertend untersucht werden. Eine Lehrerin, die ein Kopftuch trägt, nimmt eben nicht nur liberale Freiheit in Anspruch, sondern pflegt – im Amt – eine partikulare Lebensform. Die verfassungsgerichtliche Praxis, schlicht zwischen den politischen Erwägungen, die das Gesetz tragen, und »dem Grundrecht« abzuwägen, kann dieser Aufgabe noch nicht einmal im Ansatz gerecht werden.

Natürlich kann die wertende Beurteilung, ob der Rechtsperson die Beeinträchtigung zugemutet werden kann, wenn zugleich die Kontexte politischer Autonomie, liberaler Freiheit und ethischer Wertorientierung berücksichtigt werden, nicht mechanisch erfolgen. Ebensowenig steht ein Meta-Maßstab (etwa das Konzept der »öffentlichen Vernunft«) zur Verfügung, der die Entscheidung determinieren würde. Wie sich die verschiedenen Teilausprägungen der Rechtsstellung der Betroffenen in einer konkreten Problemlage zueinander verhalten, lässt sich nur aus dem Rechtssystem heraus, im Lichte von Traditionen, Praktiken, Präjudizien und Werten beurteilen. Das Ideal gelungener Grundrechtsinterpretation liegt darin, die verschiedenen Dimensionen so zusammenzuführen, dass den vom Gesetz Betroffenen in der Mehrschichtigkeit ihrer Rechtsstellung Respekt erwiesen wird. Die politische Philosophie des Liberalismus wird immer für den Vorrang der Freiheit streiten[118] – aber das ist kein verfassungsrechtlicher Satz.

Diese wertende Beurteilung wird zu kontextspezifischen Antworten gelangen. Sie stützt sich auf das Wissen darum, dass das Grundgesetz eine freiheitliche Verfassungsordnung ist. Sie verzichtet aber darauf, Grundrechtsbestimmungen – entlang der Forderungen einer schematisch-strikten Theorie des politischen Liberalismus – die Aussage zu entnehmen, dass dem Gesetzgeber jede positive Förderung oder Privilegierung bestimmter rechtskultureller Vorstellungen eines guten Lebens untersagt ist. Ebensowenig betrachtet sie die liberale Perspektive der gleichen Freiheit als die einzige, allein maßgebliche oder jedenfalls prioritäre Perspektive.

Das bedeutet konkret, dass sich Art. 4 GG nicht als Recht von Amtswaltern begreifen lässt, im Amt ihre konkreten Vorstellungen vom guten Leben solange zu verwirklichen, solange es nicht zu Konflikten mit anderen Personen kommt. Es bedeutet auch, dass die Verfassung nicht dahin (miss-)verstanden werden darf, dass sie den Staat, was die Förderung von Religionsgemeinschaften angeht, zur vollständigen Gleichbehandlung zwänge,[119] und zwar bis hin zu den Feiertagen.[120]

Oder: Die Verfassung zwingt den Gesetzgeber mit Blick auf das eheliche und familiäre Zusammenleben nicht dazu, alle Lebensformen gleich zu behandeln. Er hat vielmehr ein Prima-Facie-Recht, kulturelle Muster zu definieren, und zwar nicht nur mit dem Anliegen, eine Selbst- oder Fremdschädigung zu verhindern. Das Grundgesetz zeichnet keinen politischen Horizont, an dem ein Gemeinwesen steht, in der sich der Staat – im strikt liberalen Sinne – darauf beschränkt, in neutraler Weise die Verwirklichungsbedingungen zu schaffen, in deren Rahmen jeder einzelne seine Vorstellungen vom guten Leben realisiert.

Dem Grundgesetz liegt vielmehr die Einschätzung zugrunde, dass es ein genuiner (verfassungsrechtlicher) Wert ist, die Pluralität und den Eigenwert verschiedener ethischer Konzeptionen des Guten zu achten und zu pflegen. Erforderlich ist nicht nur die Entwicklung einer Sensibilität dafür, wie sehr die durch ein Gesetz beeinträchtigte Lebensform für die je subjektive persönliche Identitätsbildung von Bedeutung ist. Verfassungsrechtsinterpretation verlangt nach einem Habitus, in dem sich die Fähigkeit ausdrückt, sensibel auf die ethischen Geltungsansprüche (nach anderer Terminologie: auf die eudämonistische Selbstdeutung und Lebensorganisation) von Grundrechtsbetroffenen zu reagieren. Dies kann ggf. auch einen grundrechtsgestützten (privilegierenden) Schutz erfordern.[121] Die Verfassungsrechtsprechung sollte dem liberalen Impuls, Äußerungen über den Wert bestimmter (insbesondere religiöser) Lebensformen und Praktiken in dem Sinne zu marginalisieren, dass sie als privater Vorgang im Kopf der Grundrechtsträger gedeutet werden, nicht nachgeben. Das Grundgesetz stützt sich vielmehr auf eine demokratische Öffentlichkeit, die vielstimmig ist, in der verschiedene Konzeptionen des guten Lebens tolerant anerkannt sind, die von einem ethisch reichen Selbstverständnis geprägt ist.[122]

b) Notwendigkeit der Differenzierung zwischen verschiedenen Räumen

Notwendig ist es darüber hinaus, zwischen verschiedenen Bereichen des Grundrechtsgebrauchs zu unterscheiden. Erforderlich wäre es, dass das Verfassungsgericht einen genuinen Verfassungsbegriff des öffentlichen Raums entwickelt.[123] Denn vor allem hier kommen die verschiedenen Geltungskonflikte, die ethisch imprägnierte Gesetzgebung auslöst, zum Tragen. Grundrechte bewirken nach dem Gesagten keine »liberale« Kolonialisierung des öffentlichen Raums – in dem Sinn, dass jeder die unbegrenzte Freiheit hat, hier tun und lassen zu können, was sie oder er will, solange niemand geschädigt wird. Die *Ordnung des öffentlichen Raums* lässt sich nicht über die Grundrechtsdogmatik auf eine bestimmte libertäre Form des Liberalismus festlegen. Die Grundrechtsinterpretation hat zur Kenntnis zu nehmen, dass dem Gesetzgeber die prima-facie-Befugnis zusteht, bestimmten Formen des partikularen Lebens eine besondere Wertschätzung entgegen zu bringen – sei es, weil sie traditionell verankert sind, sei es, weil sie von einer überaus großen Mehrheit gepflegt werden, sei es, weil sie funktional für besonders wertvoll erachtet werden. Wer diese Lebensanschauungen nicht teilt, hat zwar einen Anspruch darauf, nicht »mitmachen« zu müssen. Ihr oder ihm muss auch genügend Freiraum zur Realisation des je eigenen Lebensentwurfs bleiben. Sie oder er haben aber keinen Anspruch darauf, sich mit den eigenen Anschauungen im öffentlichen Raum zwingend durchsetzen zu können – auch wenn diese Haltung in der deutschen Öffentlichkeit zunehmend verbreitet ist.[124] Diese These gilt es deutlich hervorzuheben, weil sie sich gegen den »mainstream« der deutschen Verfassungsrechtswissenschaft stellt. Hier haben heute Anhänger einer politischen Theorie des Liberalismus die Meinungsführerschaft, die – wenn man das dogmatische Glasperlenspiel auflöst – letztlich nur danach fragen, ob das in Rede stehende Verhalten andere schädigt (dann kann eingegriffen werden) oder nicht (dann ist es hinzunehmen).[125]

Im Prozess der Theoretisierung des Konzepts öffentlicher Räume wäre auch danach zu fragen, ob die unter dem Grundgesetz lebende Gesellschaft vielleicht davon profitieren würde, wenn das (Verfassungs-)Recht partikulare Formen des Lebens stärker schützte.[126] Die generelle Tendenz des Karlsruher Gerichts läuft gegenwärtig darauf hinaus, derartige Konzeptionen in den Bereich des Privaten abzudrängen, den öffentlichen Raum von partikularen Sichtweisen freizuhalten und so eine davon scheinbar unbelastete »öffentliche Vernunft« zu erschließen. Liegt dem nicht vielleicht ein Fehlverständnis zugrunde? Ist es wirklich stringent, wenn zugleich der Wert einer reichen Kulturstaatlichkeit hochgehalten wird und das Religiöse als irrationale Gedankenaktivität ins Private abgeschoben wird?[127] Würden die öffentliche Präsenz differierender Konzeptionen des Guten und die daraus folgenden Geltungsansprüche – etwa der Lehren der Kirchen und Religionsgemeinschaften – nicht möglicherweise bereichernd wirken?[128] Den Mitgliedern der Gesellschaft sollte zugetraut werden, in vernünftiger Weise über religiöse und sonstige Weltdeutungen zu verhandeln. Der liberale Verfassungsstaat sollte es als Gefahr ansehen, wenn sich die »knappe Ressource Sinn« verflüchtigt. Hier – und nicht in einer substanzialistischen Konzeption der Homogenität – liegt das Gemeinsame, das erst das Projekt des gemeinsamen Zusammenlebens im demokratischen Staat möglich macht. Nicht um die Schaffung eines »sittlichen Staats«[129] würde es dann gehen, wohl aber um öffentliche Räume, in denen die jeweiligen Konzeptionen des Guten präsent sind und sich jeweils tolerant beobachten. Der Grundrechtsinterpretation ist es möglich, zu den jeweiligen Konzeptionen des Guten Abstand zu halten, ohne sich deren Perspektive zu verschließen.

V.
Liberaler Staat und gutes Leben: Ein vorläufiges Fazit

Verfassungsstaatlichkeit wird gedeihen, wenn es gelingt, die Bedingungen der Möglichkeit einer Realisierung eines guten Lebens zu schaffen. Naiv wäre es anzunehmen, dass dem bereits dann entsprochen ist, wenn gleiche Freiheit gewährleistet ist und die hierfür erforderlichen finanziellen Mittel gewährt werden. Die persönlichen Verbindungen in Ehe und Familie, örtlicher Gemeinschaft, Schule bzw. Universität und beruflichem Umfeld, in der Kirche oder auch im Verein sind für gelingende Identitätsbildung von elementarer Bedeutung. Assoziativität ist wesentlicher Bezugs- und Orientierungspunkt menschlicher Identität. Gemeinschaftlichkeit kommt zwar nicht notwendig vor der kontraktuellen Einigung (Voluntarismus), darf aber auch nicht von Marktideologie und einer ausschließlichen Konzentration auf die Prinzipien der Freiheit und Gleichheit überspielt werden. Es ist zwar nicht eine (apriorische) Aufgabe des Staates, wohl aber eine Befugnis des Gesetzgebers, diese Gegebenheiten zu fördern und zu stabilisieren – und zwar auch dann, wenn sich damit eine Stellungnahme in Fragen des guten Lebens verbindet. In der Rechtsprechung des Europäischen Gerichtshofs für Menschenrechte ist dieses Wissen präsent.[130]

Die Rechtsgemeinschaft unter dem Grundgesetz ist keine ethische Gemeinschaft. Es geht der Verfassungsordnung darum, faire Grundstrukturen einer ethisch pluralistischen Gesellschaft zu schaffen.[131] Das bedeutet, dass sich die Rechtsordnung als wertende Schutzhülle begreifen muss, die den einzelnen die Möglichkeit gibt, je individuell darüber zu befinden, welche Werte sie anerkennen wollen, welche Auffassung vom Guten sie entwickeln wollen und wie sie leben wollen. Recht muss in der Ordnung des Grundgesetzes nicht ethisch neutral sein. Es wäre eine fehlgeleitete (Ideal-)Vorstellung, dass sich die Rechtsordnung ausschließlich auf Normen beschränken müsste, die in dem Sinne reziprok-allgemein sind, dass sie die Zustimmung aller finden können. Demokratische Rechtsetzung kann sich zu bestimmten Werten bekennen, bestimmte Lebensformen schützen, sich der Förderung partikularer Identitäten einzelner Personen und Gruppen schützend annehmen.

Diese »Zumutung« ist nicht unerträglich. Rechtspersönlichkeit in der grundgesetzlichen Ordnung bedeutet, an Gesetzgebung mitwirken zu können. Dies schließt das Recht ein, darauf hinwirken zu können, dass die Gesetze sich gegenüber der jeweiligen eigenen Lebensform fördernd verhalten. Ebenfalls besteht auch das Recht, gegen ethisch imprägnierte Gesetzgebung, deren Wertungen man nicht teilt, politisch zu kämpfen. Es ist eine Tugend, wenn die Rechtsperson in der Lage ist, hier als Vernünftige zu argumentieren, nicht mehr zu verlangen als das, was wechselseitig und allgemein gerechtfertigt werden kann, die jeweils eigene Auffassung vom Guten mit jenen anderer Personen abzugleichen. Aber das ist keine Rechtspflicht. Bürgerinnen und Bürger können im politischen Prozess mit dem Anspruch auftreten, eine ethische »Wahrheit« erkannt zu haben. Sie müssen aber die Rechtspersönlichkeit der jeweils anderen (und die darin liegenden Rechte) anerkennen.

Dass Gesetzgebung im grundgesetzlichen Staat ethisch imprägniert sein wird, ist zudem deshalb erträglich, weil die Rechtsperson Grundrechtsschutz beanspruchen kann. Sie hat Rechte, die sicherstellen, dass das Gesetz sie in der Vielschichtigkeit ihrer Personalität nicht unangemessen beeinträchtigt. Besonderen Schutz genießt sie – vor dem Hintergrund der Idee liberaler Freiheit – dort, wo das Gesetz den einzelnen Zwang[132] unterwirft und so in die persönliche Freiheit (und damit die Möglichkeit der Lebensführung nach je eigenen Werten) unmittelbar eingreift.[133] Schwächeren Schutz gewährt die Grundrechtsordnung, wenn und soweit die positive Ermöglichung und Förderung der Realisierung partikularer Lebensformen eingefordert wird; die Rechtsperson wird hier grundsätzlich auf den politischen Prozess verwiesen. Aber grundrechtlich thematisieren lässt sich auch diese Dimension, und es ist in den Grundrechten jedenfalls angelegt, dass bei besonderer Sensibilität grundrechtlicher Schutz gewährt wird.

Die Zahl der kulturell und rechtlich herausfordernden und spannungsgeladenen Lagen wird zunehmen.

Die Fluidität der gesellschaftlichen Entwicklung bringt es mit sich, dass gesetzlich abgesicherte Entwürfe guten Lebens unter Druck geraten und in Frage gestellt werden – sei es durch die Ankunft und das Aufnahmeverlangen von Menschen mit anderen Vorstellungen, sei es durch den Freiheitsanspruch von Menschen, die ihre Identität neu und anders bilden wollen. Noch ist nicht absehbar, ob sich dadurch das relative Gewicht, das den grundrechtlichen Ansprüchen auf politische Autonomie, auf Gewährleistung liberaler gleicher Freiheit und auf angemessene Anerkennung der je eigenen Lebensform zugeschrieben wird, ändern wird. Möglich wäre dies, gerade weil sich Verfassungstheorie und -dogmatik diesbezüglich nicht auf vorgegebene Regeln stützen können, sondern kontextsensibel argumentieren müssen. Der theoretisch leichtere Weg wäre es zweifellos, eine »Amerikanisierung« des deutschen Verfassungsrechts in dem Sinne voranzutreiben, dass das liberale Prinzip der gleichen Freiheit weiter gestärkt wird, nicht zuletzt dadurch, dass sich der Gesetzgeber bei der Bewertung von Lebensentwürfen künftig mehr zurücknimmt. Anspruchsvoller wäre der Versuch, sich auch in Zeiten zunehmender Pluralität der Förderung der Voraussetzungen für die Realisierung gesellschaftlicher Entwürfe eines guten Lebens wertend anzunehmen – dies allerdings nicht im Sinne einer undifferenzierten Privilierung von Mehrheitskulturen, sondern im Wege einer sensiblen Beschäftigung mit dem Eigenwert der Vielzahl nebeneinander bestehender Vorstellungen vom guten Leben.

Es ist ein zentrales Anliegen dieser kleinen Schrift, aufzuzeigen, wie die grundrechtliche Rechtspersönlichkeit der Menschen, die sich aus politischer, liberaler und ethischer Autonomie zusammensetzt, in spezifischen Konfliktfeldern zur Geltung gebracht werden muss. Man darf sich nicht der Illusion hingeben, dass es gelingen könnte, hier feste und schematisch anwendbare Maßstäbe zu entwickeln. Immerhin scheint es möglich, einen Argumentationsrahmen mit Begründungsanforderungen und Evidenztests zu formulieren. Die Aufgabe des Verfassungsgerichts wäre es, hier kontextsensibel zu argumentieren, die verschiedenen Geltungsdimensionen der Grundrechte auf ihre konkrete Bedeutung zu durchleuchten und zu fragen, ob die jeweils angegriffene gesetzliche Entscheidung Defizite aufweist. Das Gericht hat den politischen Willen des Gesetzgebers, der nicht zuletzt in der Bewertung von Grundrechtsfragen zum Ausdruck kommt, nicht zu ersetzen, sondern kritisch zu würdigen. Diese Aufgabe kann nicht durch eine »Abwägung« bewältigt werden. Das Gericht sollte sich zur Freiheit des demokratisch verantwortlichen Gesetzgebers, sich der Förderung partikularer Lebensformen zu widmen, offen bekennen – und zwar auch und gerade im Bereich des Religiösen. Es führt nicht weiter, hier mit dem Begriff der Neutralität zu operieren.[134] Der gesetzgeberische Anspruch, sich schützend vor eine partikulare Form des guten Lebens stellen zu wollen, muss nicht im scheinbar universalistischen Nebel versteckt werden; er muss sich aber vor gegenläufigen Autonomieansprüchen rechtfertigen.

Anmerkungen

1 Beispielsweise: BVerfGE 12, 1 (4); 24, 236 (246).
2 U. Di Fabio, Die Kultur der Freiheit, 2005, insb. S. 1–60.
3 Chr. Hillgruber, Der deutsche Kulturstaat und der muslimische Kulturimport, JZ 1999, 538; K.-H. Ladeur/I. Augsberg, Toleranz – Religion – Recht, 2007, S. 44 ff., S. 72 ff.
4 Vgl. etwa H. M. Heinig/M. Morlok, Von Schafen und Kopftüchern. Das Grundrecht auf Religionsfreiheit in Deutschland vor den Herausforderungen religiöser Pluralisierung, JZ 2003, 777; H. Kästner, Das Grundrecht auf Religions- und Weltanschauungsfreiheit in der neueren höchstrichterlichen Rechtsprechung, AöR 123 (1998), 444; H. Rathke, Öffentliches Schulwesen und religiöse Vielfalt, 2005, S. 44 ff.; Chr. Walter, Religionsverfassungsrecht, 2004, S. 496 ff.; S. Muckel (Hrsg.), Der Islam im öffentlichen Recht des säkularen Verfassungsstaates, 2008.
5 Chr. Möllers, Religiöse Freiheit als Gefahr?, in: VVDStRL 68 (2009), 53.
6 W. Kymlicka, Multicultural Citizenship: A Liberal Theory of Minority Rights, 1995.
7 Vgl. A. Honneth, Das Recht der Freiheit, 2011, S. 23: Es gehe um den Anspruch, die »gegebenen Institutionen und Praktiken (…) auf ihre normativen Leistungen in der Reihenfolge« zu analysieren, »in der sie für die soziale Verkörperung und Verwirklichung der gesellschaftlich legitimierten Werte von Bedeutung sind«.

8 Zur Bedeutung des Narrativen: O. Depenheuer, Erzählungen vom Staat. Ideen als Grundlage von Staatlichkeit, 2011.
9 H. Krüger, Allgemeine Staatslehre, 2. Aufl. 1964, S. 178 ff.; ähnlich auch P. Mikat, Staat, Kirchen, Religionsgemeinschaften, in: HdBVerfG, 2. Aufl. 1994, § 29.
10 H. Krüger (Fn. 9), S. 180.
11 H. Krüger (Fn. 9), S. 181: »Identifikation auf Seiten des Staates erweist sich damit als gleichbedeutend mit Unfreiheit auf Seiten des Bürgers.«
12 Vgl. Peter Badura, Die Tugend des Bürgers und der Gehorsam des Untertanen, JZ 1966, 123.
13 R. Smend, Staatsrechtliche Abhandlungen, 4. Aufl. 1994, S. 136; dies aufnehmend: R. Herzog, Allgemeine Staatslehre, 1971, S. 81.
14 A. Uhle, Freiheitlicher Verfassungsstaat und kulturelle Identität, 2005.
15 A. Uhle (Fn. 14), S. 89.
16 A. Uhle (Fn. 14), S. 22 und passim.
17 A. Uhle (Fn. 14), S. 24 unter Verweis auf P. Kirchhof, Die Identität der Verfassung in ihren unabänderlichen Inhalten, HBStR I § 19 RDnr. 57. Siehe zum Grundgesetz auch S. 109 ff.
18 A. Uhle (Fn. 14), S. 87.
19 A. Uhle (Fn. 14), S. 101.
20 D. Murswiek, Nationalstaatlichkeit, Staatsvolk und Einwanderung, in: Depenheuer/Grabenwarter (Hrsg.), Der Staat in der Flüchtlingskrise, 2016, S. 123.
21 D. Murswiek, Schutz der Minderheiten in Deutschland, in: Isensee/Kirchhof (Hrsg.), HStR, Bd. VIII. 1995, § 201, Rdnr. 51 f: Das Grundgesetz enthalte die Entscheidung zugunsten des »durch die deutsche Kultur und das deutsche Volk geprägten ... Nationalstaats.«

22 Dazu R. Post, Post, Law and Cultural Conflict, Faculty Scholarship Series, 2003, Paper 180.

23 B. Ackermann, Why Dialogue, in: The Journal of Philosophy, 86 (1989), 1 (16); ähnlich ders., Social Justice in the Liberal State, 1980.

24 St. Huster, Die ethische Neutralität des Staats, 2002, S. 427: »Verbot einer staatlichen Steuerung des Schicksals kultureller Überzeugungen und Lebensformen«.

25 Feinfühlige Problemdiskussion bei: U. Volkmann, Kulturelles Selbstverständnis als Tabuzone für das Recht? in: Dreier/Hilgendorf (Hrsg.), Kulturelle Identität als Grund und Grenze des Rechts, ARSP Beiheft 113, 2008, S. 245.

26 St. Huster (Fn. 24), S. 104.

27 Zu den Diskussionssträngen, die unter dem Stichwort »Verfassungstheorie« geführt werden: M. Jestaedt, Die Verfassung hinter der Verfassung, 2009; M. Volkmann, Rechts-Produktion, oder: Wie die Theorie der Verfassung ihren Inhalt bestimmt, Der Staat 54 (2015), 35.

28 BVerfGE 2, 1 (12 f.); 4, (15); 12, 45 (51); 24, 119 (144); 27, 1 (6); 28, 175 (189); 30, 1 (20); 30, 173 (193); 32, 98 (107); 33, 1 (10); 35, 202 (225); 50, 166 (175); die Aufzählung ließe sich fortsetzen. Jüngst etwa: BVerfGE 109, 133 (Rdnr. 79).

29 Zur Diskussion um das »Menschenbild« des Grundgesetzes: P. Häberle, Das Menschenbild im Verfassungsstaat, 1988; U. Becker, Das ›Menschenbild des Grundgesetzes‹ in der Rechtsprechung des Bundesverfassungsgerichts, 1996; Peter M. Huber, Das Menschenbild im Grundgesetz, Jura 1998, 505; M. Morlok, Selbstverständnis als Rechtskriterium, 1993 (S. 238); M. Heinig, Art. Menschenwürde, in: W. Heun/M. Honecker/M. Morlok/J. Wieland (Hg.), Evangelisches Staatslexikon, 2006, Sp. 1520.

30 »Das Verhältnis von individueller Freiheit, demokratischer Legitimation und Verfassungsgerichtsbarkeit wur-

de in der deutschen Staatsrechtslehre bisher zu wenig untersucht.« (Chr. Möllers, Wandel der Grundrechtsjudikatur, NJW 2005, 1973 (1979)).

31 Hierzu S. Unger, Das Verfassungsprinzip der Demokratie, 2008; M. Jestaedt, Radien der Demokratie, in: Heinig/Terhechte (Hrsg.), Postnationale Demokratie, Postdemokratie, Neoetatismus, 2013, S. 3; H.-D. Horn, Vom Staat der Demokratie, 2015.

32 P. Kirchhof, Der demokratische Rechtsstaat – die Staatsform der Zugehörigen, in: Isensee/Kirchhof (Hrsg.), HStR, 2. Aufl., 1997, Bd. IX, § 221.

33 Dem Grundgesetz ist auch eine Anschauung fremd, diese Entscheidung in die Hand von partikularen Gruppen zu legen, die ihre Mitglieder in Fragen des guten Lebens dominieren.

34 Ein (liberales) demokratisches Regierungssystem, wie es das Grundgesetz unter Gewährung von Grundrechten konstituiert, muss als Ausdruck einer bestimmten Konzeption des Guten angesehen werden. Ein solches System lässt sich nicht apriorisch unter Rückgriff auf naturrechtlich-individualistische oder prozedurale Lehren begründen. Ein System, das der Idee der individuellen Autonomie einen so starken Raum einräumt, wie es dies das Grundgesetz macht, läßt sich insofern als Version eines ethischen Liberalismus begreifen (hierzu R. Forst, Kontexte der Gerechtigkeit, 1994, S. 90).

35 Zur Unterscheidung von »impersonal morality« (Moral) und »reconciling loyality« (Ethik) vgl. etwa K. A. Appia, The Ethics of Identity, 2005, S. 228 (Morality: what we owe to others; ethics: what kind of life is good for us to lead).

36 F. Cheneval, Demokratietheorien, 2016, S.172.

37 Hierzu z. B. Chr. Hillgruber, Staat und Religion, 2007; Chr. Waldhoff, Die Zukunft des Staatskirchenrechts, in:

Kämper/Thönnes (Hrsg.), Essener Gespräche zum Thema Staat und Kirche, Band 42 (2008), S. 55; H. M. Heinig, Die Verfassung der Religion, 2014; C. D. Classen, Religionsrecht, 2. Aufl. 2015; H. Musonius, Öffentliche Religion im säkularen Staat, 2016; E.-W. Böckenförde, Der säkularisierte Staat, 2. Aufl. 2015; S. Muckel, Religionsfreiheit gestern – heute – morgen, 2017.

38 Verfassungsrichter mögen in der privilegierten Position sein, ihre Weltdeutung zum Ausdruck zwingenden Verfassungsrechts zu erheben – aber: wann ist das gerechtfertigt, und wann nicht?

39 M. Nettesheim, Die Garantie der Menschenwürde zwischen metaphysischer Überhöhung und bloßem Abwägungstopos, AöR 130 (2005), 71.

40 Richtig Chr. Hillgruber, Staat und Religion, 2007, insb. S. 47 ff. (»Der Staat des Grundgesetzes und der Mythos der Neutralität«); K.-H. Ladeur/I. Augsberg, Der Mythos vom neutralen Staat, JZ 2007, 12. Ähnlich schon K. Schlaich, Neutralität als verfassungsrechtliches Prinzip, 1972, S. 264.

41 Vgl. etwa R. Zimmermann, Kulturelle Prägung des Erbrechts, JZ 2016, 321; U. Haltern, Soziokulturelle Präferenzen als Grenze des Marktes, 2016.

42 Chr. Taylor, The Ethics of Authenticity, 1992, Kap. 10; ders., The Dangers of Soft Despotism, in: Etzioni (Hrsg.), The Essential Communitarian Reader, 1998, S. 53.

43 J. Habermas sieht, dass im politischen Meinungskampf auch ethisch stark imprägnierte Positionen vorgetragen werden dürfen, und will deshalb zwischen der öffentlichen Sphäre und der staatlichen Institutionensphäre unterscheiden (J. Habermas, Die Einbeziehung des anderen, 1996, S. 120 ff.; Kritik bei Th. Gutmann, Christliche Imprägnierung des Strafgesetzbuchs? in: Dreier/Hilgendorf (Hrsg.), Kulturelle Identität als Grund und Grenze

des Rechts, ARSP Beiheft 113, 2008, S. 295 (304 ff.) (»public justification«)).

44 B. Ackerman, Social Justice in the Liberal State, 1980.

45 J. Rawls, A Theory of Justice, 1971.

46 M. Heckel, Religionsfreiheit. Eine säkulare Verfassungsgarantie, in: ders., Gesammelte Schriften, Bd. 4, 1997, S. 655 ff.; ders.; Religionsfreiheit im säkularen pluralistischen Verfassungsstaat, in: Staatsphilosophie und Rechtspolitik. FS Martin Kriele, 1999, S. 281 ff.

47 L. Orgad, The Cultural Defense of Nations: A Liberal Theory of Majority Rights, 2016.

48 Vgl. H. Hofmann, Menschenrechte und Demokratie, JZ 2001, 1.

49 Siehe D. Estlund, Making Truth Safe for Democracy, in: Copp/Hampton/Roemer (Hrsg.), The Idea of Democracy, 1993, 70 ff.; ders., Beyond Fairnesss and Deliberation: The Epistemic Dimension of Democratic Authority, in: Bohman/Rehg (Hrsg.), Deliberative Democracy, 1997, S. 173; in diese Richtung auch: J. Habermas, Faktizität und Geltung, 1992, u. a. S. 134, 161; Chr. Möllers, Demokratie – Zumutungen und Versprechen, 2008, S. 27 ff.

50 Zur Bedeutung des Verfassungsdenkens in zeitlicher Dimension: E. Klein, Staat und Zeit, 2006.

51 M. Walzer, Comment, in: A. Gutmann (Hrsg.), Multiculturalism. Examining the Politics of Recognition, 1994, 99,

52 »Liberalism I« wird die Qualität des »fighting creed« zugeschrieben. Sein Wert wird in der formalen Neutralität und der Weigerung gesehen, im Streit zwischen verschiedenen Personen über Fragen des guten Lebens Stellung zu beziehen. Allerdings: Enthaltung ist auch Positionierung.

53 Vgl. etwa J. Butler, Körper von Gewicht, 1997 (performative Instabilität von Identität als Ermöglichungsbedingung von Politik; Offenhalten der Instabiltiät als deren Ziel).

54 Aus diskurstheoretischer Sicht: R. Alexy, Theorie der Grundrechte, 1994, S. 501.

55 Der Bestand an Grundrechten ist immer Ausdruck des Selbstverständnisses einer politischen Gemeinschaft. Grundrechte gehen daher weder in moralischen Normen auf, noch sind sie damit deckungsgleich. Der (Minimal-)Bestand moralisch gebotener Normativität muss in rechtlich verankerten Grundrechten aber enthalten sein. Vgl. J. Nickel, Making Sense of Human Rights. Philosophical Reflections on the Universal Declaration of Human Rights, 1987.

56 Ohne Zweifel spielen bei den Verhandlungen darüber, was Gegenstand dieser Rechtsposition ist, die Wertungen des demokratischen Gesetzgebers eine wichtige Rolle (M. Jestaedt, Grundrechtsentfaltung im Gesetz, 1999; M. Ruffert, Vorrang der Verfassung und Eigenständigkeit des Privatrechts, 2001).

57 In der grundgesetzlichen Ordnung ist damit für die Vorstellung von Habermas, wonach öffentliche Autonomie und private Autonomie gleichursprünglich sind, kein Raum.

58 Der grundrechtliche Schutzbereich ist mit dem Bereich des moralisch Gebotenen nicht deckungsgleich: J. Griffin, »Human Rights: Questions of Aim and Approach,« in Ethics 120 (2010), S. 741 (745). »Basic human rights are most centrally part of a public vocabulary of political justice; they designate a special and narrow class of moral rights and are not simply equivalent to what human beings »owe one another, in the moral sense.« Vgl. auch M. Nettesheim, Die Januskopfigkeit des Menschenrechtsschutzes, in: SNU Asia-Pacific Law Institute (ed.), Global Constitutionalism and Multi-layered Protection of Human Rights, 2016, S. 473; A. Somek, Die Moralisierung der Menschenrechte, in: Demerling/Rentsch (Hrsg.), Die Gegenwart der Gerechtigkeit, 1995, 48.

59 Überblick bei M. Herdegen, Staat und Rationalität, 2010, insb. S. 14 ff., 57 ff.

60 M. Jestaedt/O. Lepsius/Chr. Möllers/Chr. Schönberger, Das entgrenzte Gericht, 2011.

61 Zutreffende Kritik bei: U. Di Fabio, Die Staatsrechtslehre und der Staat, 2003, S. 68 ff.

62 Die Sicherung der »Zweckrationalität«, die mit den Kriterien der Geeignetheit und Erforderlichkeit gewährleistet wird, ist nicht spezifisch grundrechtlicher Natur, sondern ist in der Idee rationaler (Rechts-)Staatlichkeit angelegt.

63 Die Idee, dass es um die Berücksichtigung verschiedener Kontexte gehen muss, verdanke ich R. Forst, Kontexte der Gerechtigkeit, 1994 (Forst unterscheidet zwischen dem ethischen, rechtlichen und moralischen Kontext der Gerechtigkeit).

64 Bekanntlich fallen die normativen Konzeptionen hier weit auseinander. Vgl. etwa einerseits H. Kelsen, Vom Wesen und Wert der Demokratie, 2. Aufl. 1929; I. Maus, Über Volkssouveränität, 2011; I. Shapiro, The State of Democratic Theory, 2003; andererseits L. Trankovits, Weniger Demokratie wagen, 2011.

65 Krisendiagnose bei: D. Michelsen/F. Walter, Unpolitische Demokratie, 2013; A. Thiele, Verlustdemokratie, 2016.

66 Selbst Fundamentalismen haben in dem öffentlichen Diskurs einen Platz, wenn und soweit sie nicht den Anspruch der jeweils anderen auf gleiche Rechte in Zweifel ziehen (hierzu O. Depenheuer/K. Lehmann, Fundamentalismus als Herausforderung an Staat, Kirche und Gesellschaft, Essener Gespräche zum Thema Staat und Kirche 33, 1999).

67 Legitimationstheoretisch: J. Isensee, Grundrechte und Demokratie – Die polare Legitimation im grundgesetzlichen Gemeinwesen (1981), in: ders.; Recht als Grenze – Grenze

des Rechts, 2008, S. 13; B. Schöbener/M. Knauff, Allgemeine Staatslehre, 3. Aufl. 2016, S. 112 ff.

68 BVerfG, 27. 10. 2016, – 1 BvR 458/10 (Homepage des BVerfG); kritische Besprechung von: Chr. Hillgruber, JZ 2017, 145.

69 Es bestehen Zweifel, ob der in der Veranstaltung einer Party liegende Akt der Selbsthilfe zu einer schutzwürdigen politischen Versammlung hochstilisiert werden kann.

70 J. Isensee, Was wir fordern dürfen, FAZ vom 4. 2. 2016.

71 So etwa Bayerisches Integrationsgesetz vom 13. Dez. 2016, GVBl. S. 335.

72 Vgl. L. Michael, Die Burka im Gericht, DÖV 2017, 125; R. Steinberg, Kopftuch und Burka, 2015; F. Hufen, Die Vollverschleierung aus verfassungsrechtlicher Sicht, K&R 2015, 167; T. Hörnle, Das verschleierte Gesicht – Grund für strafrechtliche Verbote?, Arbeitspapier des Fachbereichs Rechtswissenschaft der Goethe-Universität Frankfurt/M. Nr. 8/2015; G. Beaucamp/J. Beaucamp, In dubio pro liberate, DÖV 2015, 174.

73 Diskussionsüberblick bei: R. McCrea, The Ban on the Veil and European Law, Human Rights Law Review 13 (2013), 57.

74 Politische Brisanz erlangt die Konfrontation mit der Gesichtsverschleierung dadurch, dass sie die Manifestation eines grundsätzlichen Konflikts zwischen den Sinnmustern und Ordnungsvorstellungen der westlichen Moderne mit anderen Lebensstilen sind. Es geht um kulturelle Differenz, die tiefer liegen, als es der schnelle Verweis auf den religiös grundierten Konflikt mit dem fundamentalen Islam zu suggerieren scheint. Letztlich geht es damit auch immer um eine Verteidigungsdiskussion.

75 U. Di Fabio, in: Maunz/Dürig (Hrsg.), Grundgesetz, September 2016, Art. 2 Abs. 1 Rdnr. 1 ff.

76 Nicht jede Konzeption der Gerechtigkeit verlangt die größtmögliche Ausstattung der Mitglieder einer politi-

schen Gemeinschaft mit Freiheiten. Die Mitglieder einer politischen Gemeinschaft könnten sich politisch dazu entschließen, die Reichweite ihres Staats – im Sinne einer Minimalkonzeption – weitgehend zurückzunehmen; sie können sich aber auch dazu bekennen, dem Gesetzgeber einen weiten Zugriff auf ihr individuelles Lebensumfeld zu ermöglichen. Der Grundsatz »in dubio pro liberate« ist Ausdruck eines ethischen Grundverständnisses, wie die Mitglieder zusammen leben wollen, nicht aber durch moralische Kategorien erzwungen.

77 Bekanntlich besteht in der Frage, wie diese Freiheit zu konzipieren ist (negative Handlungsfreiheit, Anspruch auf faire Verteilung gesellschaftlicher Ressourcen, die Chancengleichheit vermittelt, Anspruch auf relative Gleichstellung, Anspruch auf Respekt), Streit.

78 Die entscheidenden Verfassungsrichter sollten sich dabei keinen transzendentalen Erkenntnisstandpunkt zubilligen, von dem aus sie substanzielle Aussagen formulieren. In dieser Frage sind sie letztlich auch nur Mitglieder der Gesellschaft, in der sie als Verfassungsrichter wirken.

79 R. Forst, Kritik der Rechtfertigungsverhältnisse: Perspektiven einer kritischen Theorie, 2011, S. 170 f.

80 Th. Scanlon, What We Owe Each Other, 2000; R. Forst, Das Recht auf Rechtfertigung: Elemente einer konstruktivistischen Theorie der Gerechtigkeit, 2007, 307: »Geltung heißt in diesem Kontext, dass keine moralisch bedeutsamen Gründe gegen die Richtigkeit einer Norm sprechen«.

81 Forst (Fn. 63), S. 242.

82 R. Forst, Normativität und Macht, 2015, S. 85: »»Menschen sind aber auch erzählende Wesen. Der Raum der Gründe, in dem sie sich orientieren, ist kein nackter Raum einzelner Sätze oder gar Normen, sondern bevölkert von Narrativen.«

83 Chr. Waldhoff, Staat und Zwang, 2008, S. 11 ff. (zum Phänomen der Rechtsordnung als Zwangsordnung).

84 Bei der Ausdeutung des Gewährleistungsbereichs von Art. 3 GG muss dies in Rechnung gestellt werden. Eine Gleichstellungs- oder auch Förderpflicht kann sich allerdings aus ethischen Kontexten (nachfolgend 4.) ergeben.

85 Vgl. M. Bothe/A. Dittmann/W. Mantl/Y. Hangartner, Erziehungsauftrag und Erziehungsmaßstab der Schule im freiheitlichen Verfassungsstaat, VVDStRL 54 (1995), 7 ff.

86 R. Post, Constitutional Domains. Democracy, Community, Management, 1995. Kritische Besprechung von F. Michelman, Must Constitutional Democracy Be ›Responsive‹? in: Ethics 107 (1997), 706.

87 BVerfGE 124, 300.

88 BVerfGE 120, 224.

89 T. Hörnle, Strafrechtliche Verbotsnormen zum Schutz von kulturellen Identitäten, in: Dreier/Hilgendorf (Hrsg.), Kulturelle Identität als Grund und Grenze des Rechts, 2008, 315.

90 R. Spaemann, Beleidigung Gottes oder der Gläubigen, in: Frankfurter Allgemeine Zeitung vom 25. 7. 2012; C. Hillgruber, Religion und Grenzen der Kunst, in: Kirche und Kunst. Essener Gespräche zum Thema Staat und Kirche 36 (2002), 53.

91 So auch BVerfGE 45, 187 (227): Die Freiheit des einzelnen sei »nicht prinzipiell unbegrenzt«.

92 Hierzu S. Mückl, Religionsfreiheit und Sonderstatusverhältnisse – Kopftuchverbot für Lehrerinnen?, Der Staat 40 (2001), 97.

93 Kritische Auseinandersetzung mit der Reichweite des Schutzbereichs bei K.-H. Kästner, Hypertrophie des Grundrechts auf Religionsfreiheit?, JZ 1998, S. 974.

94 BVerfG, 27. 10. 2015, – 1 BvR 471/10 –. Anders noch BVerfGE 108, 282 (C. Franzius, Vom Kopftuch I zum Kopftuch II, Der

Staat 54 (2015), 435; K.-H. Ladeur, Das islamische Kopftuch, JZ 2015, 633).

95 Weiterführende Übersicht über die philosophische Diskussion: A. Gutmann, Identity in Democracy, 2003.

96 Chr. Langenfeld, Integration und kulturelle Identität zugewanderter Minderheiten, 2001.

97 G. Britz, Kulturelle Rechte und Verfassung, 2000.

98 Jüngst nunmehr: C. F. Germelmann, Kultur und staatliches Handeln, 2013.

99 Vgl. Th. Vesting/St. Korioth/I. Augsberg (Hrsg.), Grundrechte als Phänomene kollektiver Ordnung, 2014.

100 Chr. Taylor, Quellen des Selbst, 1996, S. 855 ff.

101 J. Straub, Theorien der Identität. Zur Einführung, 2016; zur postmodernen Sichtweise des Zerfalls der Einheit der Identität: K. Gergen, Das übersättigte Selbst: Identitätsprobleme im heutigen Leben, 1996.

102 Vgl. etwa W. Morris, The Year We Obsessed over Identity, The New York Times Magazine, 6. Oktober 2015; B. O'Neill, The Crisis of Character. Identity Politics and the Death of the Individual, Spiked Review, Dezember 2015; N. Torbisco-Casals, Multiculturalism, Identity Claims and Human Rights: From Politics to Courts, in: Law&Ethics of Human Rights, 10 (2016), 367. Umstritten ist etwa, ob sich eine weiße Amerikanerin als Mitglied der afro-amerikanischen Ethnie begreifen und stilisieren darf.

103 T. Parsons, The Social System, 1951.

104 Hierzu W. Matz, Entstehungsgeschichte der Artikel des Grundgesetzes, JöR Bd. 1 n. F. (1951), 2. Aufl. 2010, Art. 6 S. 93 ff.

105 A. Kulick, Der Kristallisationspunkt moderner Verfassungstheorie: Werte, Verfassungsinterpretation und Gewaltenteilung in Obergefell v. Hodges, JZ 2016, 67.

106 M. Nettesheim, Auf dem Weg zur gleichgeschlechtlichen Ehe, in: M. Jestaedt (Hrsg.), Verfassungsentwicklung (im Erscheinen 2017), S. 219; Chr. Görisch, Perspektiven eines gewandelten Ehebegriffs, Der Staat 54 (2015), 591.

107 U. S. Supreme Court, Urt. v. 26. 6. 2015, 576 U. S. ___ (2015); Besprechung etwa von Kulick, JZ 2016, 67.

108 Hierzu J. Froese, Männlich, weiblich oder »weder noch«? AöR 140 (2015), 598.

109 M. Lilla, The End of Identity Liberalism, NYT vom 18. 11. 2016; Überblick in: Stanford Ency. of Phil., Art. Identity Politics, 16. Juli 2002 (plato.stanford.edu).

110 R. Spaemann, Bemerkungen zum Begriff des Fundamentalismus, in: J. Michalski (Hrsg.): Die liberale Gesellschaft, 1993, S. 177, weist darauf hin, dass dieser Gedanke im Schwinden ist: »Die liberale Gesellschaft tendiert dahin, Toleranz gänzlich abzuschaffen. Es gibt nur die Alternative zwischen Verbot und Gleichberechtigung. Toleranzrechte werden sukzessive in Gleichberechtigung umgewandelt.« Aus staatsrechtlicher Sicht: D. Grimm, Wieviel Toleranz verlangt das Grundgesetz, in: ders., Die Verfassung und die Politik. Einsprüche in Störfällen, 2001, S. 118.

111 Vgl. etwa I. Young, The Politics of Difference, 1990; A. Gutmann (Hrsg.), Multiculturalism and the ›Politics of Recognition‹: An Essay by Charles Taylor, 1992; C. Willet (Hrsg.), Theorising Multiculturalism, 1998; S. Sheffler, Boundaries and Allegiances, 2002; K. A. Appiah, The Ethics of Identity, 2005; A. Honneth, Der Kampf um Anerkennung, 6. Aufl. 2010 (jeweils aus philosophischer Sicht).

112 Vgl. P. Jones, Human Rights, Group Rights and People's Rights, Human Rights Quaterly 21 (1999), 90; N. Torbisco Casals, Group Rights as Human Rights, 2006.

113 A. Eisenberg, Reasons of Identity, 2009.

114 Es kann natürlich nicht um eine »perfektionierende« Formulierung von Vorgaben gehen, also eine teleologisch-politische Maßnahme, die darauf abzielt, bestimmte menschliche Ideale zu verwirklichen. Und zwar weder in der elitistischen Version, die sich auf die Förderung einzelner Menschen konzentiert, noch in einer populär-egalitären Version, die die wertvollen Elemente des Guten in allen Personen fördert (so aber J. Raz, The Morality of Freedom, 1986: perfektionistische politische Theorie, die einen qualitativen Begriff von Autonomie ins Zentrum stellt).

115 F. Schorkopf, Staat und Diversität. Agonaler Pluralismus für die liberale Demokratie, 2017; D. Goodhart, Too Diverse? Prospect Magazine, Febr. 20, 2004.

116 Insbesondere lassen sich die glaubensgeleiteten kulturellen Praktiken der Mitglieder einer Religionsgemeinschaft nicht ohne Bedeutungsverlust unter Art. 4 GG in rein individualistische (glaubensgeleitete) Handlungen umdeuten.

117 Zur völkerrechtlichen Diskussion: N. Wenzel, Das Spannungsverhältnis zwischen Gruppenschutz und Individualschutz im Völkerrecht, 2006; A. Jakubowski (Hrsg.), Cultural Rights as Collective Rights, 2016.

118 J. Rawls, Die Idee des politischen Liberalismus, 1992.

119 So auch J. Isensee, Verfassungsstaatliche Erwartungen an die Kirche, in: Marré u. a. (Hrsg.) Essener Gespräche zum Thema Staat und Kirche 25 (1994), S. 105 (140 f.); U. Di Fabio, Christentum und Rechtskultur als Grundlage des Staatskirchenrechts, in: Kämper/Thönnes (Hrsg.), Essener Gespräche zum Thema Staat und Kirche, Band 42 (2008), S. 129 (132); H. M. Heinig, Ordnung der Freiheit – das Staatskirchenrecht vor neuen Herausforderungen, ZevKR 2008, 235 (241); G. Roellecke, Religion – Recht – Kultur und die Eigenwilligkeit der Systeme, 2007, S. 22; P. Kirchhof, Die Freiheit der Religionen und ihr unterschiedlicher Bei-

trag zu einem freien Gemeinwesen, in: Kämper/Thönnes (Hrsg.), Essener Gespräche zum Thema Staat und Kirche, Band 39 (2005), S. 105 (109 ff.); A. Uhle, Freiheitlicher Verfassungsstaat und kulturelle Identität, 2004, S. 456 ff. ; in diese Richtung auch K.-H. Ladeur/I. Augsberg, Der Mythos vom neutralen Staat, JZ 2007, S. 12 (17); dies., Toleranz – Recht – Religion, 2007, S. 84 ff.

120 Dezidiert für ein Gebot der Gleichbehandlung: U. Sacksofsky, Religiöse Freiheit als Gefahr?, in: VVDStRL 68 (2009), S. 9.

121 Vgl. R. Forst, Kontexte der Gerechtigkeit, S. 93 ff. (Schutz und Förderung der Tugenden eines »guten Bürgers«).

122 K.-H. Ladeur/I. Augsberg, Toleranz – Religion – Recht, 2007, S. 91, sprechen von der Notwendigkeit eines »diversity managements«.

123 Der Bereich des öffentlichen Raums lässt sich deshalb so schwierig erschließen, weil er durch quergelagerte und verfassungshistorisch gewachsene Großkategorien überlagert wird: Staat und Gesellschaft, Staatlich-Amtliches und Privates. Im Zentrum der Privatgesellschaft steht der durch Vertragsbeziehungen gekennzeichnete Markt, darüber hinaus eine durch Kommunikation konstituierte »Öffentlichkeit«. Das verfassungsrechtliche Denken erschließt diese Verhältnisse mit einem substanziellen Denken, das von Elementen wie »Volk«, »Volkswille«, »Staat« als handlungsfähige Rechtspersönlichkeit etc. geprägt wird. Es wird damit der Herausforderung nicht gerecht, dass sich erst in der Folge der Organisation eines politischen Raums normative Aussagen darüber machen lassen, wer zur politischen Gemeinschaft gehört, wie Kommunikationsprozesse zu strukturieren sind, wie die Schnittstellen zwischen den im öffentlichen Raum abspielenden Kommunikationsprozessen und dem Bereich des Staatlichen auszuge-

stalten sind. Vgl. S. Benhabib, Modelle des öffentlichen Raums, Soziale Welt 2 (1991), 147.

124 Zur Abwehr des Geräuschs von Glocken: BVerwG, 7.10.1983, – 7 C 44.81, juris Rn. 16; BVerwG, 19. 02. 2013 – 7 B 38.12, juris. Vgl. A. von Ungern-Sternberg, Öffentliche Auseinandersetzung um Religion zwischen Freiheit und Sicherheit: Vom Blasphemieverbot zur Bekämpfung der Hassrede, in: Arndt u. a. (Hrsg.), 48. AssÖR: Freiheit – Sicherheit – Öffentlichkeit, 2008, S. 61 ff.; siehe auch Chr. Walter, Religionsfreiheit in säkularen im Vergleich zu nicht-säkularen Staaten, in: Berichte der Deutschen Gesellschaft für Völkerrecht, Band 43 (2007), S. 253 (254 f.).

125 Natürlich gibt es auch keine Konstruktion von Grundrechten, die sich aus ihren historischen und sozialen Bezügen lösen könnte. Der Kontextbezug ist nicht hintergehbar.

126 Zur Bedeutung von »Sinnressourcen« etwa: O. Depenheuer, Religion als ethische Reserve der säkularen Gesellschaft? In: Nomos und Ethos. FS für J. Isensee, 2002, S. 3.

127 H. M. Heinig, Der Staat ist keine religionslose Zone, FAZ v. 22. 9. 2016.

128 Der Wert von Religion, ein Sprachspiel der Transzendenz bereitzustellen (vgl. Luhmann), und ihre kulturelle Funktion (vgl. Geertz) werden möglicherweise in der gegenwärtigen Diskussion zu wenig berücksichtigt. Das Verfassungsrecht sollte die Eignung von Religion, Sinnmuster bereitzustellen, die – regelmäßig von Heilsversprechen getragen – zunächst einmal kultureller Natur sind, nicht vorschnell als irrelevant abtun.

129 E.-W. Böckenförde, Der Staat als sittlicher Staat, 1978.

130 ECHR, 18. 3. 2011, No. 30814/06, Lautsi (Kreuz im Klassenraum); ECHR, 10. 1. 2017, No. 29086/12, Osmanoglu (Pflicht zur Teilnahme am Schwimmunterricht) (vgl. allgemein:

Chr. Grabenwarter/K. Pabel, EMRK, 6. Aufl. 2016). Gegenposition in: BVerfGE 93, 1.

131 Zur Bedeutung gesetzlicher Ordnung von Konflikten: R. Post, Law and Cultural Conflict, Faculty Scholarship Series, 2003, Paper 180.

132 Dass Zwang grundrechtstheoretisch ein zentrales Differenzierungskriterium ist (vgl. C. Bird, Coercion and Public Justification, Politics, Phil. & Ethics 2014, 189), ist leider in Vergessenheit geraten.

133 Oben IV. 3 a).

134 Zu bedenken ist, dass angebliche Neutralität Inbegriff einer bestimmten – möglicherweise hegemonialen – Lebensform sein kann.

Schönburger Gespräche zu Recht und Staat

Band 1	Josef Isensee: Tabu im freiheitlichen Staat
Band 2	Udo Di Fabio: Die Staatsrechtslehre und der Staat
Band 3	Paul Kirchhof: Der Staat als Garant und Gegner der Freiheit
Band 4	Gerd Roellecke: Staat und Tod
Band 5	Karl Korinek: Staat und Kunst
Band 6	Wolfgang Graf Vitzthum: Der Staat der Staatengemeinschaft
Band 7	Eckart Klein: Staat und Zeit
Band 8	Otto Depenheuer: Selbstbehauptung des Rechtsstaates
Band 9	Peter Michael Huber: Staat und Wissenschaft
Band 10	Christian Hillgruber: Staat und Religion
Band 11	Christian Waldhoff: Staat und Zwang
Band 12	Matthias Jestaedt: Die Verfassung hinter der Verfassung
Band 13	Christoph Grabenwarter: Staat und Medien
Band 14	Matthias Herdegen: Staat und Rationalität
Band 15	Bernd Grzeszick: Die Teilung der staatlichen Gewalt
Band 16	Helge Sodan: Staat und Verfassungsgerichtsbarkeit
Band 17	Bernhard Kempen: Staat und Raum
Band 18	Markus Möstl: Bundesstaat und Staatenverbund

Schönburger Gespräche zu Recht und Staat

Band 19 Stefan Haack:
Der Staat mit den geteilten Organen

Band 20 Michael Brenner: Der geheime Staat

Band 21 Sebastian Müller-Franken:
Meinungsfreiheit im freiheitlichen Staat

Band 22 Georg Lienbacher: Staat und politische Parteien

Band 23 Hans-Detlef Horn: Vom Staat der Demokratie

Band 24 Indra Spiecker gen. Döhmann:
Information und Staat

Band 25 Klaus Ferdinand Gärditz:
Staat und Strafrechtspflege

Band 26 Matthias Cornils:
Kommunikation der Internetverfassung

Band 27 Martin Schulte: Staatlichkeit im Wandel

Band 28 Martin Nettesheim:
Liberaler Verfassungsstaat und gutes Leben

Band 29 Christian Hillgruber:
Die lutherische Reformation und der Staat

Band 30 Frank Schorkopf: Staat und Diversität